El calor que sofoca a las organizaciones: Una perspectiva futurista

GERARDO MARTIN ARAYA NARANJO

Published by GERARDO MARTIN ARAYA NARANJO, 2024.

EL CALOR QUE SOFOCA A LAS ORGANIZACIONES: UNA PERSPECTIVA FUTURISTA

First edition. March 27, 2024.

Copyright © 2024 GERARDO MARTIN ARAYA NARANJO.

ISBN: 979-8223312802

Written by GERARDO MARTIN ARAYA NARANJO.

El Calor que sofoca a las organizaciones

Por: Dr. Gerardo Martín Araya Naranjo

Dr. Gerardo Martín Araya Naranjo
El calor que sofoca a las organizaciones: Una perspectiva futurista
Con colaboración de ChatGPT4 y apuntes personales

Acerca del autor

El Dr. Araya estudió Administración de Empresas en el Instituto Tecnológico de Costa Rica, obteniendo el grado de bachiller universitario. Posteriormente obtuvo una licenciatura en Administración con énfasis en Finanzas en la Universidad Nacional de Costa. Luego se graduó de MBA en la Universidad Fundepos Alma Máter en Dirección de Negocios con mención en mercadeo y obtuvo un doctorado en Ciencias de la Administración en la Universidad Estatal a Distancia de Costa Rica (UNED) en 2021.

Su práctica profesional, mayoritariamente la ha desarrollado en una Cooperativa de Distribución Eléctrica en Costa Rica, primeramente en la jefatura del departamento financiero, luego en la gerencia financiera administrativa y hace 14 años en la subgerencia general.

También ha sido profesor universitario desde 1999 en la Universidad Nacional de Costa Rica, en la Universidad Latina de Costa Rica, la Universidad de San José de Costa Rica y la Universidad Autónoma de Centroamérica en cursos como administración, matemáticas financieras, finanzas y gerencia.

Contenido

"El calor que sofoca a las organizaciones: Una perspectiva futurista"

Capítulo 8. Estrategia y Liderazgo para el Futuro

Identificación de Riesgos Globales Emergentes

Cambio Climático

Inestabilidad Geopolítica

Crisis Económicas

Pandemias

Ciberseguridad

Transformación Digital y Tecnológica

Cambios Demográficos

Escasez de Recursos Naturales

Fragmentación del Orden Internacional

Desafíos Éticos y de Responsabilidad Social

Políticas y Regulaciones Cambiantes

Innovación Disruptiva

Tensiones Sociales y Movimientos Políticos

Desafíos en la Cadena de Suministro Global

Avances en Inteligencia Artificial y Automatización

Estrategias para la Gestión de Riesgos

Evaluación de Riesgos

Diversificación

Planificación de Contingencias

Gestión de Crisis

Resiliencia Organizacional y Preparación para Incidentes

Integración con Estrategias Organizacionales

Inteligencia de Riesgos y Monitoreo Continuo

Colaboración y Compartir Información

Formación y Desarrollo en Gestión de Riesgos

Enfoque en la Sostenibilidad y la Responsabilidad Social Corporativa (RSC)

Adopción de Tecnologías Emergentes

Explotando Oportunidades en un Mundo Cambiante

Identificación de Oportunidades Emergentes

"El calor que sofoca a las organizaciones: Una perspectiva futurista"

Capítulo 1. Introducción

En la alborada de un nuevo paradigma, las organizaciones del mundo se encuentran en la encrucijada de la evolución y la obsolescencia. Este libro, "El calor que sofoca a las organizaciones: Una perspectiva futurista", pretende ser una brújula para navegar en el turbulento océano de la incertidumbre que define nuestro tiempo.

Nos encontramos en una era donde la tecnología avanza a un ritmo sin precedentes, las normativas y regulaciones económicas y políticas se transforman de manera impredecible, y la sostenibilidad se ha convertido en un imperativo crítico. Estas fuerzas, entre otras, generan un calor que puede sofocar incluso a las organizaciones más robustas. Sin embargo, dentro de este calor yace la forja de la oportunidad: el chance de remodelar, innovar y liderar la vanguardia de la transformación organizacional a la cabeza de buenos equipos y líderes.

Este libro desafía al lector a mirar más allá del panorama actual, a cuestionar lo establecido y a explorar los horizontes emergentes. A través de un viaje que abarca desde las realidades internas hasta los vastos cambios globales, cada capítulo desvela las capas de complejidad y oportunidad que el futuro reserva.

El título "El calor que sofoca a las organizaciones" utiliza la metáfora del "calor" para representar los diversos desafíos y problemas que las organizaciones enfrentan en un entorno en constante cambio. Estos retos pueden ser internos, como la necesidad de innovación y gestión eficiente, o externos, como las fluctuaciones económicas y cambios tecnológicos. La "perspectiva futurista" del libro sugiere un enfoque en cómo estas presiones evolucionarán en el futuro, analizando tendencias emergentes y proponiendo estrategias para que las organizaciones no solo sobrevivan, sino prosperen en estos entornos desafiantes.

Invitamos al lector a sumergirse en un análisis profundo de los principales problemas y retos que las organizaciones enfrentan, iluminando el camino hacia el crecimiento y la competitividad en un escenario global. Prepárese para desafiar sus percepciones, a abrir su mente a nuevas posibilidades y a embarcarse en un viaje de conocimiento transformador.

Con "El calor que sofoca a las organizaciones", nos proponemos no solo ofrecer un espejo de la realidad actual, sino también un prisma a través del cual vislumbrar el futuro, proporcionando las herramientas necesarias para que líderes, gerentes y visionarios no solo sobrevivan al calor, sino que prosperen dentro de él.

Capítulo 2: El Panorama Actual

Este capítulo analiza en profundidad el estado actual de las organizaciones, enfocándose en los retos multifacéticos que enfrentan en el dinámico entorno global. Examinaremos cómo las tendencias en tecnología, economía, sociedad y medio ambiente están redefiniendo los paradigmas de negocio. Se explorará la influencia de la digitalización, la globalización, las presiones medioambientales y los cambios socioeconómicos, destacando cómo estos factores convergen para crear un escenario complejo y desafiante para las organizaciones. Además, se discutirá la respuesta de las organizaciones a estas presiones, incluyendo la adaptación a nuevas normativas, la transformación digital, y el enfoque en la sostenibilidad y la responsabilidad social corporativa. Este capítulo establecerá la base para comprender los desafíos futuros y cómo las organizaciones pueden prepararse para enfrentarlos.

El estado actual de las organizaciones se caracteriza por desafíos complejos en un entorno global dinámico. Enfrentan la rápida evolución tecnológica, que demanda innovación constante y adaptación digital. La globalización ha intensificado la competencia, obligando a las organizaciones a operar eficientemente en múltiples mercados. Los cambios socioeconómicos, como las fluctuaciones demográficas y las expectativas culturales, afectan la gestión del talento y la estructura organizacional. Además, la presión por la sostenibilidad y la responsabilidad social corporativa está forzando a las organizaciones a reconsiderar sus prácticas y estrategias para ser más ecológicas y éticas.

Las tendencias en tecnología, como la inteligencia artificial y la automatización, están impulsando la innovación y transformando las operaciones y los modelos de negocio. Económicamente, la globalización y las fluctuaciones del mercado exigen estrategias financieras más ágiles y globales. Socialmente, el cambio en las expectativas de los colaboradores y consumidores hacia más diversidad y responsabilidad corporativa está modificando la gestión organizacional. Ambientalmente, la urgencia de la sostenibilidad está llevando a las organizaciones a integrar prácticas ecológicas en sus estrategias centrales, redefiniendo así los paradigmas de negocio.

Para explorar la influencia de la digitalización, las organizaciones deben adoptar tecnologías emergentes y digitalizar sus procesos para mejorar la eficiencia y la innovación. Frente a la globalización, deben expandir su alcance y adaptarse a los mercados internacionales. Las presiones medioambientales requieren que integren la sostenibilidad en su estrategia y operaciones, mientras que los cambios socioeconómicos exigen una mayor atención a la responsabilidad social y a la gestión del cambio. La convergencia de estos factores obliga a las organizaciones a ser más ágiles, innovadoras y socialmente responsables.

Al examinar la interconexión entre tecnología, economía, sociedad y medio ambiente, se aprecia que su impacto en la estrategia organizacional y la operatividad es profundo. La tecnología impulsa la innovación y la eficiencia, pero también requiere adaptación continua. Económicamente, las organizaciones deben ser flexibles ante la volatilidad del mercado. Socialmente, las expectativas cambiantes influyen en la gestión del talento y la responsabilidad corporativa. Ambientalmente, la sostenibilidad se convierte en un eje estratégico, afectando la operación y la imagen de la organización. Estos factores están interrelacionados, influyendo mutuamente en la evolución de las prácticas organizacionales.

Para ampliar la discusión sobre cómo las organizaciones responden a las presiones actuales, veamos el desarrollo de los retos a los que se enfrentan:

Adaptación a nuevas normativas:

Las organizaciones están invirtiendo en equipos legales y de cumplimiento para entender y adaptarse a regulaciones dinámicas, lo que afecta la forma en que operan y compiten globalmente. Esto implica una revisión constante de políticas y prácticas para asegurar el cumplimiento con leyes y estándares internacionales, adaptándose a cambios como regulaciones de privacidad de datos, normas ambientales y directrices laborales.

Transformación digital:

Este proceso va más allá de la adopción de nuevas tecnologías; implica una reestructuración de los modelos de negocio y operativos. Las organizaciones están implementando sistemas más eficientes, como la inteligencia artificial y el análisis de datos, para optimizar operaciones, mejorar la toma de decisiones y personalizar la experiencia del cliente, asegurando así una ventaja competitiva en el mercado.

Sostenibilidad:

En respuesta a las crecientes demandas ambientales, las organizaciones están integrando prácticas sostenibles en su núcleo estratégico. Esto incluye desde la optimización de la cadena de suministro hasta el desarrollo de productos eco-amigables y la implementación de políticas de responsabilidad social corporativa que no solo buscan minimizar el impacto ambiental, sino también fortalecer su relación con los stakeholders y la comunidad.

Responsabilidad social corporativa (RSC):

Las organizaciones están cada vez más comprometidas con la RSC, implementando iniciativas que reflejan sus valores y ética. Esto abarca desde programas de diversidad e inclusión hasta proyectos de inversión comunitaria y ética organizaciónrial. Este compromiso mejora la reputación, fomenta la lealtad de los clientes y atrae a colaboradores que valoran la responsabilidad social.

Innovación continua:

Las organizaciones deben fomentar una cultura que valore y promueva la innovación, invirtiendo en investigación y desarrollo, y adoptando tecnologías emergentes para mejorar productos y servicios.

Adaptación estratégica:

Las organizaciones deben ser ágiles en su planificación y ejecución, anticipándose a los cambios del mercado y ajustando sus estrategias en consecuencia. Esto incluye la diversificación de mercados, la personalización de la oferta y la flexibilidad operativa.

Al expandir estos retos, se puede obtener una comprensión más profunda de cómo las organizaciones están navegando por el panorama actual, adaptando sus estrategias y operaciones para enfrentar los desafíos y aprovechar las oportunidades en un mundo en constante evolución. Al entender y responder proactivamente a las tendencias actuales, las organizaciones pueden construir una base sólida para enfrentar futuros desafíos, asegurando su competitividad y relevancia en un entorno global en constante cambio.

Capítulo 3: Tecnología e Innovación

Introducción a la revolución tecnológica

La última década ha sido testigo de una transformación tecnológica sin precedentes, marcada por avances rápidos en inteligencia artificial, computación en la nube, big data y conectividad global. Un común denominador en las matemáticas del tiempo ha sido la transición de la digitalización básica a sistemas complejos que permiten una automatización avanzada y una toma de decisiones basada en datos, destacando cómo esta evolución está sentando las bases para cambios profundos en el entorno organizaciónrial.

Estos avances han redefinido industrias, creando nuevas oportunidades de negocio y desafíos, y cambiando radicalmente la forma en que las organizaciones operan y compiten. La velocidad de estos cambios ha obligado a las organizaciones a adaptarse rápidamente para aprovechar las ventajas competitivas que ofrecen estas tecnologías emergentes.

Los avances en inteligencia artificial han llevado a sistemas capaces de aprender y tomar decisiones, revolucionando desde la automatización hasta la analítica avanzada. La computación en la nube ha democratizado el acceso a la tecnología, permitiendo a organizaciones de todos los tamaños aprovechar recursos computacionales escalables. Big data ha transformado la gestión de la información, posibilitando análisis profundos y perspectivas en tiempo real. Finalmente, la mejora en la conectividad global ha facilitado la comunicación instantánea y la colaboración a nivel mundial, eliminando las barreras geográficas en los negocios.

La transición de la digitalización básica a sistemas complejos refleja un cambio de simples procesos automatizados a ecosistemas tecnológicos avanzados. Inicialmente, las organizaciones adoptaron la tecnología para digitalizar tareas manuales. Con el tiempo, esta evolución ha llevado al desarrollo de sistemas integrados que utilizan inteligencia artificial, análisis de datos y conectividad en red para optimizar operaciones, impulsar la innovación y ofrecer experiencias personalizadas, marcando un salto cualitativo en cómo las organizaciones aprovechan la tecnología para su transformación estratégica.

La automatización avanzada combina la inteligencia artificial y el aprendizaje automático para realizar tareas complejas, mejorando la eficiencia y la precisión. Paralelamente, la toma de decisiones basada en datos utiliza análisis avanzados para extraer insights de grandes volúmenes de información, permitiendo decisiones más informadas y estratégicas. Estas evoluciones significan que las organizaciones pueden no solo automatizar procesos, sino también prever tendencias, personalizar servicios y optimizar estrategias en tiempo real.

Impacto de la Tecnología en las Organizaciones

La inteligencia artificial (IA) está optimizando la toma de decisiones y la eficiencia operativa, permitiendo predicciones precisas y personalización de servicios. El Internet de las Cosas (IoT) conecta dispositivos y sistemas, mejorando la recopilación de datos y la interacción con el cliente. La computación en la nube ofrece a las organizaciones recursos escalables y accesibles, facilitando la innovación y la colaboración global. Estas tecnologías están redefiniendo las operaciones y modelos de negocio, impulsando la transformación hacia estructuras más ágiles, centradas en datos y orientadas al cliente.

La inteligencia artificial (IA) mejora la toma de decisiones y eficiencia operativa al automatizar procesos y analizar grandes volúmenes de datos para identificar patrones, tendencias y anomalías. Esto permite a las organizaciones anticiparse a problemas, personalizar ofertas para los clientes, optimizar la cadena de suministro y recursos, y tomar decisiones estratégicas basadas en datos sólidos y análisis predictivo, resultando en operaciones más eficientes y efectivas.

La inteligencia artificial (IA) está revolucionando las organizaciones al automatizar tareas complejas y ofrecer análisis predictivos. Por ejemplo, en la fabricación, la IA optimiza la producción mediante el monitoreo en tiempo real, mejorando la calidad y reduciendo los tiempos de inactividad. En el sector servicios, personaliza la experiencia del cliente, anticipando necesidades y mejorando la satisfacción. La IA también facilita la toma de decisiones estratégicas, analizando grandes conjuntos de datos para identificar tendencias y oportunidades de mercado, lo que conduce a una gestión más eficiente y una ventaja competitiva.

Un aspecto destacable de cómo la IA está optimizando la toma de decisiones y eficiencia operativa es su capacidad para habilitar sistemas autónomos que aprenden y se adaptan. Esto permite no solo mejorar procesos existentes, sino también descubrir nuevas formas de operar y generar valor, transformando radicalmente industrias enteras y creando modelos de negocio innovadores que antes eran inconcebibles.

Estos avances permiten una adaptación y respuesta más rápidas a las condiciones del mercado, optimización de procesos, personalización del servicio al cliente, y el desarrollo de nuevos modelos de negocio. La integración exitosa de la IA es crucial para que las organizaciones mantengan su competitividad y liderazgo en la era digital.

Desafíos de la Adopción Tecnológica

La adopción tecnológica trae consigo desafíos significativos para las organizaciones. La brecha de habilidades se destaca como un obstáculo crítico, ya que la tecnología avanzada requiere colaboradores con conocimientos especializados. La seguridad cibernética es otro desafío primordial; a medida que las organizaciones se digitalizan, se vuelven más susceptibles a ciberataques, lo que exige robustas medidas de seguridad. Además, la resistencia al cambio es común, ya que colaboradores y gestores pueden estar cómodos con los sistemas existentes. Superar estos desafíos requiere una estrategia integral que incluya capacitación, inversión en seguridad y gestión del cambio.

La brecha de habilidades emerge como un desafío crítico en la adopción tecnológica, ya que la rápida evolución de la tecnología requiere competencias especializadas que a menudo no están presentes en la fuerza laboral actual. Las organizaciones se enfrentan a la tarea de actualizar las habilidades de sus colaboradores o atraer nuevo talento con las competencias necesarias para manejar tecnologías avanzadas como la inteligencia artificial, la analítica de datos y la ciberseguridad. Esta disparidad entre las habilidades existentes y las necesarias puede ralentizar la implementación tecnológica y limitar la capacidad de una organización para innovar y mantenerse competitiva.

Los colaboradores con conocimientos especializados en tecnología deben dominar áreas como programación, análisis de datos, ciberseguridad y manejo de herramientas específicas como sistemas de inteligencia artificial y plataformas de computación en la nube. Estos conocimientos les permiten diseñar, implementar y gestionar soluciones tecnológicas eficientes, asegurando que las organizaciones puedan aprovechar al máximo las ventajas de las innovaciones tecnológicas.

Por otra parte, la seguridad cibernética se convierte en un desafío primordial a medida que las organizaciones avanzan en su digitalización, haciéndolas más vulnerables a ciberataques. Esta vulnerabilidad demanda medidas de seguridad robustas para proteger datos sensibles y mantener la integridad de los sistemas. Las organizaciones deben invertir en tecnologías de seguridad avanzadas, capacitar a sus colaboradores en prácticas de ciberseguridad y desarrollar políticas y protocolos para prevenir, detectar y responder a incidentes de seguridad.

Dentro del estándar mínimo de las medidas de seguridad robustas para proteger datos sensibles incluyen la implementación de firewalls avanzados, sistemas de detección de intrusiones, cifrado de datos, autenticación de múltiples factores y políticas de acceso restringido. Además, es crucial realizar auditorías de seguridad regulares, entrenar al personal en ciberseguridad y establecer protocolos de respuesta ante incidentes para mitigar rápidamente cualquier amenaza.

La resistencia al cambio es otro desafío común en la adopción tecnológica, ya que los colaboradores pueden temer la obsolescencia de sus habilidades o la pérdida de empleo. Las organizaciones deben abordarla mediante una comunicación efectiva, destacando los beneficios de la tecnología, proporcionando formación y apoyo para el desarrollo de nuevas habilidades, y fomentando una cultura que valore la adaptabilidad y el aprendizaje continuo.

Una estrategia de comunicación efectiva para gestionar la resistencia al cambio podría incluir la transparencia sobre los procesos de cambio, la definición clara de los beneficios que la tecnología aportará a la organización y a cada colaborador, sesiones de formación y desarrollo que preparen al personal para los cambios, y la creación de canales de comunicación bidireccional donde los colaboradores puedan expresar sus preocupaciones y recibir feedback o retroalimentación.

Una gestión del cambio implica un enfoque estructurado que incluye la identificación clara de los objetivos del cambio, la comunicación efectiva con todas las partes interesadas, el apoyo y la capacitación de los colaboradores, y el monitoreo y ajuste continuo del proceso de cambio para asegurar su alineación con los objetivos organizacionales. Es crucial abordar tanto los aspectos técnicos como los humanos del cambio para asegurar una transición exitosa y sostenible.

Podemos concluir que la adopción tecnológica es un imperativo estratégico para las organizaciones en la era digital, pero viene con desafíos significativos como la brecha de habilidades, la seguridad cibernética y la resistencia al cambio. Superar estos obstáculos es fundamental para aprovechar las oportunidades que la tecnología ofrece, lo que requiere una inversión continua en desarrollo de habilidades, fortalecimiento de las medidas de seguridad y gestión efectiva del cambio.

Oportunidades Generadas por la Innovación

La innovación tecnológica abre nuevas oportunidades de mercado al permitir la creación de productos y servicios inéditos, la entrada a sectores no explotados y la personalización de la oferta a las necesidades específicas de los clientes. Además, mejora la eficiencia operativa mediante la automatización de procesos y la optimización de la cadena de suministro, lo que reduce costos y tiempos de ejecución. Estas ventajas proporcionan a las organizaciones una posición competitiva sólida, permitiéndoles diferenciarse y liderar en sus respectivos mercados.

La innovación tecnológica permite la creación de productos y servicios como aplicaciones móviles personalizadas, dispositivos IoT para hogares inteligentes, soluciones de realidad aumentada en educación y comercio, la creación de servicios financieros digitales como las fintech, plataformas de telemedicina en el sector salud, soluciones de energía renovable en la industria energética, sistemas avanzados de logística y gestión de flotas en transporte, plataformas de análisis de datos para toma de decisiones en tiempo real, creación de plataformas de comercio electrónico avanzadas, sistemas de gestión de aprendizaje en línea, soluciones de ciudades inteligentes para la gestión urbana, y tecnologías avanzadas en la agricultura como la agricultura de precisión y la robótica. Además, la tecnología está impulsando avances en la industria creativa mediante herramientas de diseño y producción digital, en la seguridad pública con sistemas de vigilancia inteligente, y en el sector legal con plataformas de asistencia jurídica automatizada. Estas innovaciones abren mercados emergentes y ofrecen a las organizaciones nuevas vías para satisfacer las demandas cambiantes de los consumidores y operar de manera más eficiente.

La innovación tecnológica permite la entrada a sectores no explotados a aquellas organizaciones con la capacidad de utilizar tecnologías emergentes para crear mercados completamente nuevos o reinventar industrias tradicionales. Por ejemplo, la tecnología blockchain está creando oportunidades en el sector de la seguridad de datos y transacciones, mientras que la inteligencia artificial y el análisis de datos están revolucionando sectores como la agricultura de precisión, la educación personalizada y la energía sostenible, abriendo campos de actuación donde antes no existían oportunidades claras de negocio.

La personalización de la oferta a las necesidades específicas de los clientes, potenciada por tecnologías como la inteligencia artificial y el big data, permite a las organizaciones ofrecer productos y servicios a la medida. Esto abarca desde recomendaciones personalizadas en plataformas de comercio electrónico hasta servicios de salud adaptados al perfil individual del paciente, mejorando significativamente la experiencia del cliente y fortaleciendo la lealtad a la marca. Otros ejemplos de personalización incluyen sistemas de aprendizaje adaptativo que ajustan el contenido educativo al ritmo del estudiante, aplicaciones de fitness que diseñan programas de entrenamiento personalizados, y herramientas de CRM que permiten a las organizaciones personalizar su comunicación y ofertas basadas en el historial de interacciones del cliente, mejorando así la retención y satisfacción del cliente.

La innovación tecnológica mejora la eficiencia operativa al automatizar procesos, lo que reduce errores manuales, incrementa la velocidad de producción y facilita la toma de decisiones basada en datos. En la cadena de suministro, tecnologías como el IoT y el análisis avanzado permiten una gestión más eficiente del inventario y la logística, optimizando el flujo de productos y reduciendo tanto los costos como los tiempos de ejecución.

Las ventajas de la innovación tecnológica, como la eficiencia operativa y la personalización, permiten a las organizaciones establecer una posición competitiva sólida. Al automatizar procesos y optimizar la cadena de suministro, reducen costos y mejoran la agilidad, mientras que la personalización mejora la satisfacción y lealtad del cliente. Estas capacidades permiten a las organizaciones diferenciarse y liderar en sus mercados, adaptándose rápidamente a las demandas cambiantes y aprovechando nuevas oportunidades de crecimiento.

En conclusión, la tecnología e innovación ofrecen oportunidades significativas para que las organizaciones mejoren su eficiencia operativa, personalicen ofertas y accedan a nuevos mercados, proporcionando así una ventaja competitiva sostenible. Al integrar soluciones tecnológicas avanzadas, las organizaciones pueden optimizar procesos, reducir costos, mejorar la experiencia del cliente y posicionar sus marcas como líderes en la vanguardia de sus industrias.

Estrategias para la Integración Tecnológica

Para integrar tecnologías emergentes, las organizaciones deben seguir una estrategia que incluye:

Evaluación de Necesidades y Objetivos:

La evaluación de necesidades y objetivos es fundamental para determinar cómo la tecnología puede añadir valor a una organización. Este proceso implica analizar las operaciones actuales para identificar ineficiencias o áreas de mejora y establecer objetivos claros que la tecnología puede ayudar a alcanzar. Se debe considerar tanto el impacto a corto como a largo plazo de la integración tecnológica, asegurando que las soluciones elegidas se alineen con la visión y estrategia general de la organización.

Investigación y Selección de Tecnologías:

La investigación y selección de tecnologías implica analizar las opciones disponibles para encontrar aquellas que mejor se alineen con los objetivos estratégicos de la organización. Este proceso debe considerar factores como la compatibilidad con la infraestructura existente, la escalabilidad, el costo total de propiedad, y el soporte y mantenimiento requeridos. La selección debe estar guiada por un análisis detallado que incluya evaluaciones de riesgo, pronósticos de retorno de inversión y la capacidad de la tecnología para satisfacer las necesidades presentes y futuras de la organización.

Planificación e Implementación:

Para planificar e implementar tecnologías emergentes, es esencial desarrollar un plan detallado que incluya etapas de evaluación, pruebas piloto, formación de colaboradores y escalado progresivo. Este plan debe detallar los recursos necesarios, los plazos, los responsables de cada etapa y los indicadores de éxito. Comenzar con proyectos piloto permite evaluar la efectividad y ajustar la estrategia antes de implementarla a gran escala, asegurando así una transición fluida y eficaz.

Capacitación y Desarrollo de Habilidades:

La capacitación y el desarrollo de habilidades son esenciales para que los colaboradores aprovechen al máximo las nuevas tecnologías. Este proceso incluye programas de formación que abarcan el uso y gestión de las herramientas tecnológicas, enfocándose en cómo estas pueden mejorar los procesos de trabajo y contribuir a los objetivos de la organización. La formación debe ser continua para adaptarse a la evolución de la tecnología y las necesidades cambiantes del mercado.

Monitoreo y Evaluación Continua:

El monitoreo y la evaluación continua son fundamentales para asegurar que la integración tecnológica sea efectiva y alinee con los objetivos organizacionales. Esto implica revisar regularmente el impacto de las tecnologías implementadas, analizando métricas y retroalimentación para determinar si están cumpliendo con las expectativas y contribuyendo al éxito de la organización. Ajustar la estrategia tecnológica en función de estos hallazgos permite a la organización mejorar continuamente y adaptarse a las dinámicas cambiantes del mercado.

En conclusión, la tecnología e innovación juegan un papel crítico en el futuro de las organizaciones. Son catalizadores esenciales para la transformación, permitiendo a las organizaciones adaptarse, competir y liderar en un entorno organizaciónrial en constante evolución. La integración exitosa de nuevas tecnologías es fundamental para impulsar la eficiencia, generar valor y sustentar el crecimiento a largo plazo. Esto permite una mayor agilidad y respuesta a las demandas del mercado, generando valor al mejorar la experiencia del cliente y la innovación en productos o servicios. A largo plazo, estas ventajas contribuyen al crecimiento sostenible de la organización, asegurando su competitividad y relevancia en un entorno organizaciónrial dinámico y en constante cambio.

Capítulo 4. Sostenibilidad y Cambio Climático

Introducción

La sostenibilidad y el cambio climático se han convertido en factores críticos para las organizaciones modernas. Se destaca la importancia de entender el cambio climático no solo como un desafío medioambiental, sino también como un elemento que influye significativamente en la estabilidad económica y operativa de las organizaciones. Este segmento subraya la necesidad de que las organizaciones adopten prácticas sostenibles para mitigar riesgos ambientales y asegurar su viabilidad a largo plazo.

Buscar una propuesta conceptual para acercarse al concepto de sostenibilidad es una tarea ardua y compleja. Diversos entes han estructurado una reflexión en torno a este concepto.

El Observatorio del Desarrollo de la Universidad de Costa Rica ha propuesto que la sostenibilidad es:

> La capacidad de mantener los recursos naturales a través del tiempo para la satisfacción de las necesidades actuales y las futuras, bajo el supuesto que dichas necesidades van a ser muy similares y van a requerir de los recursos naturales para su satisfacción. (Gómez Meléndez, 2012, p.7-8)

Esta conceptualización, al igual que en el informe Brundtland (1987) son las más utilizadas para describir el desarrollo sostenible, misma que resume en alguna forma el alcance del desarrollo equilibrado.

Según la ONU (2012), el concepto de sostenibilidad debería ser:

Un principio fundamental para todos los aspectos de desarrollo y para todas las sociedades. Un reto clave para la agenda de cambio es promover el desarrollo económico y humano, dinámico e incluyente mientras se logran reducir las emisiones de gases que promueven el efecto invernadero y se logra un manejo y una gobernanza más equitativa y sostenible de los recursos naturales. En consistencia con las decisiones de la Cumbre de Rio +20, el enfoque del desarrollo sostenible debe abarcar tres dimensiones -la económica, la social, y la del medio ambiente- reconociendo sus interdependencias. (p.35)

Al concepto inicial de Brundtland, que reconoce la capacidad de los recursos de mantener en el tiempo las necesidades actuales y futuras junto con la exposición inmediata que hace la ONU sobre las tres dimensiones que abarca el desarrollo sostenible en lo económico, social y ambiental, las posiciones dadas de estos organismos fundamentan el concepto de sostenibilidad.

En el informe sobre las consultas globales de la ONU en el 2013, las mismas revelan el daño ambiental y la escasez de los recursos naturales que amenazan la vida y los medios de subsistencia de las personas, así como el informe del Estado de La Nación para Costa Rica, en el mismo año, sobre los problemas de sostenibilidad. Las personas piden acciones sobre los impactos ambientales que ellos pueden ver y sentir, pero inquieta aún más lo que no se propone y se prescinde de hacer y por aquello que se deja de ver o sentir, pero que sus efectos ya están cocinándose.

En materia de sostenibilidad es importante destacar la toma de decisiones fundamentales y no soluciones cortoplacistas, que es necesario que se generen en el marco de un ejercicio de análisis. Para esto Peter Senge ha denominado algo que se llama arquetipos sistémicos e indica: "El propósito de los arquetipos sistémicos es reacondicionar nuestras percepciones para que sepamos ver las estructuras en juego, y ver el punto de apalancamiento de esas estructuras". (Senge, 2011, p.124)

Desafíos Medioambientales para las Organizaciones

Examinaremos en este acápite, cómo el cambio climático y otras cuestiones medioambientales afectan las operaciones organizacionales.

Impacto en la cadena de suministro:

El impacto de los eventos climáticos extremos en la cadena de suministro incluye interrupciones en la logística, escasez de materias primas y variaciones en los costos de producción. Estos eventos pueden provocar retrasos en la entrega, afectar la calidad de los productos y aumentar los precios, lo que obliga a las organizaciones a buscar alternativas más resilientes y sostenibles para sus cadenas de suministro.

Ejemplos del impacto de eventos climáticos extremos en la cadena de suministro incluyen inundaciones que interrumpen el transporte de mercancías, sequías que afectan la producción agrícola y aumentan los precios de los alimentos, y tormentas que dañan infraestructuras críticas, retrasando la distribución de productos.

Es imperativo repensar mejor las cosas desde el punto de vista de acceso, administración, valor, negocios y sostenibilidad en el tiempo. Al analizar el uso de los recursos como el agua, la tierra, aire, minerales, foresta, ecología, energía, gases, agua dulce y salada y hasta el espacio, el planeta en todo su ecosistema se queda pequeño ante la gran demanda de recursos que presionamos todos los seres vivos.

Los eventos climáticos extremos tienen impactos significativos en las operaciones organizacionales, afectando especialmente la cadena de suministro. Estos eventos pueden provocar interrupciones en la producción, aumentar los costos, y exigir una planificación más robusta y flexible. Las organizaciones deben adoptar estrategias de mitigación y adaptación para manejar estos riesgos y asegurar la continuidad del negocio. Las estrategias de mitigación y adaptación pueden incluir diversificar las fuentes de suministro para reducir la dependencia de una sola ubicación geográfica, invertir en infraestructura resistente al clima, adoptar tecnologías que mejoren la eficiencia de los recursos, y desarrollar planes de continuidad del negocio que permitan responder rápidamente a interrupciones inesperadas.

Regulaciones Ambientales:

Las regulaciones ambientales incluyen normativas sobre emisiones, uso de recursos, gestión de residuos y responsabilidad corporativa. Las organizaciones pueden cumplir con estas regulaciones mediante la implementación de sistemas de gestión ambiental, auditorías regulares para verificar el cumplimiento, inversión en tecnologías limpias, y la adopción de prácticas de negocio sostenibles que no solo cumplen con las normativas actuales, sino que también preparan a la organización para futuras regulaciones.

Las normativas que impactan las operaciones de las organizaciones pueden incluir leyes sobre emisiones de carbono, gestión de residuos, eficiencia energética, uso sostenible de recursos, protección de ecosistemas, y responsabilidad social corporativa. Estas regulaciones varían según el país y la industria, y pueden influir en cómo las organizaciones diseñan sus productos, operan sus instalaciones y se relacionan con las comunidades y el medio ambiente.

Los sistemas de gestión ambiental (SGA) son conjuntos de procesos y prácticas que permiten a una organización reducir sus impactos ambientales y aumentar su eficiencia operativa. Incluyen la evaluación de impacto ambiental, el cumplimiento de la normativa, la gestión de recursos y residuos, y la mejora continua en el desempeño ambiental. Implementar un SGA, como el ISO 14001, ayuda a las organizaciones a monitorear su impacto ambiental, establecer objetivos de sostenibilidad y demostrar responsabilidad ambiental.

Las auditorías regulares para verificar el cumplimiento ayudan a las organizaciones a asegurar que sus operaciones y prácticas están en línea con las normativas ambientales vigentes. Estas auditorías evalúan la efectividad de los sistemas de gestión ambiental, identifican áreas de mejora y garantizan que la organización cumpla con los estándares legales y regulaciones, minimizando así el riesgo de sanciones y potenciando su reputación como organización responsable.

La inversión en tecnologías limpias implica adoptar soluciones que reducen el impacto ambiental de las operaciones de una organización, como energías renovables, procesos de producción eficientes y vehículos eléctricos. Estas tecnologías no solo ayudan a las organizaciones a cumplir con las regulaciones ambientales, sino que también pueden mejorar la eficiencia operativa, reducir costos a largo plazo y fortalecer la imagen de la organización como líder en sostenibilidad.

Las prácticas de negocio sostenibles involucran adoptar enfoques que minimizan el impacto ambiental y promueven la responsabilidad social. Esto incluye el uso eficiente de recursos, energías renovables, reducción de emisiones y residuos, así como fomentar una cultura corporativa que priorice la sostenibilidad. Implementar estas prácticas no solo ayuda a cumplir con las regulaciones ambientales, sino que también puede mejorar la reputación de la organización, incrementar la lealtad de los clientes y abrir nuevas oportunidades de mercado.

En conclusión, las organizaciones enfrentan desafíos significativos relacionados con la sostenibilidad y el cambio climático que impactan sus operaciones. Para gestionar estos desafíos, es esencial adoptar prácticas de negocio sostenibles, invertir en tecnologías limpias, implementar sistemas de gestión ambiental y realizar auditorías regulares. Estas estrategias no solo aseguran el cumplimiento de las regulaciones ambientales, sino que también ofrecen oportunidades para mejorar la eficiencia operativa, reducir costos y fortalecer la reputación corporativa.

Riesgos Financieros y de Mercado:

Los riesgos financieros y de mercado asociados con el cambio climático incluyen la volatilidad de precios en recursos naturales, daños a la propiedad y la infraestructura, y cambios en la regulación ambiental que pueden incrementar los costos operativos. Las expectativas medioambientales de los consumidores, que demandan prácticas sostenibles, también pueden influir en la preferencia de marca y lealtad, afectando así las ventas y la rentabilidad de las organizaciones que no se adaptan a estos valores.

La evaluación de los riesgos económicos asociados con el cambio climático abarca entender ¿cómo fenómenos como el aumento de la frecuencia de eventos climáticos extremos, la subida del nivel del mar y las variaciones en patrones climáticos pueden afectar la economía? Estos cambios impactan sectores como la agricultura, el seguro, la energía y el turismo, influyendo en la rentabilidad y sostenibilidad de las organizaciones. La adaptación a estas condiciones cambiantes y la mitigación de sus efectos se vuelven cruciales para la gestión de riesgos financieros a largo plazo.

Las expectativas medioambientales de los consumidores reflejan un creciente interés y demanda por productos y servicios sostenibles. Los consumidores están cada vez más informados sobre el impacto ambiental de sus compras y optan por organizaciones que demuestran compromiso con prácticas ecológicas. Esto representa un riesgo para las organizaciones que ignoran estas tendencias, pero también una oportunidad para aquellas que adoptan la sostenibilidad como un elemento central de su propuesta de valor.

Para realizar una evaluación efectiva de los riesgos económicos asociados con el cambio climático y las expectativas medioambientales de los consumidores, las organizaciones deben:

Identificar vulnerabilidades: Analizar cómo el cambio climático puede impactar sus operaciones, mercados y cadena de suministro.

Investigar tendencias del consumidor: Entender las preferencias y demandas medioambientales de sus clientes.

Evaluar el marco regulatorio: Estar al tanto de las legislaciones ambientales actuales y futuras.

Desarrollar estrategias de mitigación: Crear planes para abordar riesgos específicos y aprovechar oportunidades de mercado.

Monitorear y revisar: Establecer un proceso continuo de revisión y ajuste de la estrategia ante nuevos datos y tendencias.

La evaluación de riesgos económicos debido al cambio climático y las expectativas medioambientales de los consumidores es crucial para las organizaciones. Adaptarse a estas realidades no solo es una necesidad para mitigar riesgos, sino también una oportunidad para innovar y alinearse con las demandas del mercado moderno, asegurando la sostenibilidad y el éxito a largo plazo.

Oportunidades de Innovación Sostenible:

Los desafíos medioambientales impulsan la innovación sostenible al forzar a las organizaciones a buscar soluciones que reduzcan su huella ecológica y respondan a las demandas de los consumidores. Esto puede llevar al desarrollo de productos y servicios ecológicos, procesos de producción más eficientes y el uso de energías renovables, abriendo nuevos mercados y nichos de negocio que valoran la sostenibilidad. Las organizaciones que adoptan estas innovaciones pueden obtener una ventaja competitiva y liderar en la transición hacia una economía más verde.

La huella ecológica es una medida que evalúa el impacto ambiental de las personas, organizaciones o comunidades, en términos de la cantidad de recursos naturales que consumen y los desechos que generan. Se expresa como la cantidad de terreno productivo necesario para sostener sus actividades, incluyendo el espacio para ciudades, cultivos, pastos, uso de bosques y áreas de mar para absorber las emisiones de dióxido de carbono.

Las soluciones para reducir la huella ecológica incluyen mejorar la eficiencia energética, utilizar materiales reciclables o biodegradables, adoptar energías renovables, optimizar el uso del agua y reducir las emisiones de gases de efecto invernadero. Estas prácticas no solo disminuyen el impacto ambiental de las organizaciones, sino que también pueden mejorar su imagen de marca y abrir oportunidades en mercados orientados hacia la sostenibilidad.

Por su parte, las demandas de los consumidores se refieren a las expectativas y preferencias que tienen los clientes respecto a los productos y servicios que adquieren. Estas demandas pueden incluir la calidad, precio, sostenibilidad, prácticas éticas de producción y responsabilidad social de las organizaciones. En el contexto medioambiental, los consumidores cada vez más buscan productos que minimicen el daño al medio ambiente, fomentando así un mercado para bienes y servicios ecológicos y sostenibles.

La sostenibilidad y la economía verde implican que las organizaciones adopten prácticas que reduzcan su impacto ambiental y fomenten la responsabilidad social, mientras buscan la rentabilidad económica. Esto incluye innovar en productos y procesos que sean ecológicamente sostenibles, adoptar energías renovables, minimizar los desechos, y contribuir positivamente al entorno social y económico en el que operan, alineando así sus operaciones con los principios de sostenibilidad y apoyando la transición hacia una economía verde.

Los principios de sostenibilidad se centran en tres pilares fundamentales: el ambiental, el social y el económico. Estos principios buscan asegurar que las actividades humanas mantengan la salud del planeta, promuevan la equidad y el bienestar social, y generen prosperidad económica de manera que no comprometan la capacidad de las generaciones futuras para satisfacer sus propias necesidades.

Ejemplos de creación de nuevos mercados incluyen el desarrollo de tecnologías limpias como la energía solar y eólica, que han creado mercados de energías renovables. Otro ejemplo es la industria de vehículos eléctricos, que ha generado un nuevo sector en la automoción. Además, el aumento de la demanda de productos orgánicos y éticamente producidos ha impulsado el crecimiento de mercados en la agricultura sostenible y el comercio justo.

Los desafíos medioambientales y las expectativas de los consumidores están impulsando la innovación y la creación de nuevos mercados, enfocados en la sostenibilidad y la economía verde. Las organizaciones que se adaptan a estos cambios, adoptando prácticas sostenibles e invirtiendo en tecnologías limpias, no solo mitigan riesgos ambientales, sino que también descubren oportunidades de crecimiento, asegurando su competitividad y éxito a largo plazo.

Adaptación al Cambio Climático:

Las estrategias para la resiliencia y adaptación organizacional frente al cambio climático incluyen la evaluación de riesgos climáticos, la incorporación de la sostenibilidad en la planificación estratégica, la inversión en infraestructura resistente, el desarrollo de capacidades para la gestión de desastres y la innovación en productos y servicios sostenibles. Estas acciones ayudan a las organizaciones a manejar los efectos del cambio climático y a aprovechar las oportunidades emergentes en un entorno en transformación.

La evaluación de riesgos climáticos se realiza mediante el análisis de cómo los cambios en el clima pueden afectar las operaciones, mercados y activos de una organización. Esto incluye la identificación de vulnerabilidades frente a fenómenos como el aumento del nivel del mar, olas de calor, inundaciones y tormentas. Se deben considerar los impactos potenciales en la cadena de suministro, la infraestructura, la demanda de productos y servicios, y los marcos regulatorios. Esta evaluación ayuda a las organizaciones a desarrollar estrategias de mitigación y adaptación para gestionar los riesgos relacionados con el clima.

Incorporar la sostenibilidad en la planificación estratégica significa integrar consideraciones medioambientales, sociales y económicas en la toma de decisiones corporativas. Esto implica establecer objetivos de sostenibilidad, evaluar el impacto ambiental de las operaciones y productos, y desarrollar políticas y prácticas que promuevan un desarrollo sostenible. Se busca equilibrar las metas económicas con la necesidad de proteger el medio ambiente y contribuir positivamente a la sociedad.

La inversión en infraestructura resistente significa desarrollar instalaciones y sistemas que puedan soportar los efectos adversos del cambio climático. Esto incluye construir en áreas menos propensas a desastres naturales, utilizar materiales resistentes al clima, y diseñar edificaciones y redes que puedan resistir eventos extremos como inundaciones, tormentas o altas temperaturas.

El desarrollo de capacidades para la gestión de desastres implica la preparación de las organizaciones para responder eficazmente a eventos extremos relacionados con el clima. Esto incluye la formación de equipos especializados, la creación de planes de emergencia, la realización de simulacros y ejercicios regulares, y la inversión en sistemas de alerta temprana y comunicación. Estas acciones ayudan a minimizar los daños, garantizar la seguridad de los colaboradores y la comunidad, y acelerar la recuperación después de un desastre.

La innovación en productos y servicios sostenibles se centra en el desarrollo de soluciones que minimizan el impacto ambiental y contribuyen a la economía circular. Esto puede incluir la creación de productos que utilizan materiales reciclados, servicios que reducen el consumo de recursos, o tecnologías que disminuyen las emisiones contaminantes. Estas innovaciones no solo responden a las demandas de los consumidores conscientes del medio ambiente, sino que también abren nuevos mercados y oportunidades de negocio.

Ejemplos de innovaciones se incluyen vehículos eléctricos que reducen la dependencia de combustibles fósiles, empaques biodegradables que disminuyen los residuos plásticos, sistemas de energía solar en viviendas o equipos de eficiencia energética y organizaciones para una generación de energía limpia, y aplicaciones de software que optimizan el uso de recursos en la industria y el comercio, promoviendo así prácticas más sostenibles.

Para organizaciones que buscan adaptarse al cambio climático y promover la sostenibilidad, se recomienda:

- Realizar auditorías ambientales para identificar áreas de mejora.
- Invertir en tecnologías limpias y procesos que reduzcan el impacto ecológico.
- Desarrollar productos/servicios sostenibles que atiendan a la demanda de consumidores conscientes del medio ambiente.
- Fomentar una cultura corporativa que valore y practique la sostenibilidad.
- Colaborar con stakeholders para impulsar iniciativas ambientales colectivas.

La adaptación al cambio climático mediante la evaluación de riesgos, la sostenibilidad en la planificación estratégica, la inversión en infraestructura resistente, el desarrollo de capacidades para la gestión de desastres, y la innovación en productos y servicios sostenibles son esenciales para asegurar la resiliencia y el éxito a largo plazo de las organizaciones en un entorno cambiante. Estas estrategias permiten a las organizaciones mitigar los impactos negativos y aprovechar oportunidades emergentes relacionadas con el cambio climático.

Casos de Impacto Ambiental en Sectores Específicos

Para analizar cómo diferentes industrias enfrentan retos medioambientales únicos, se presentan algunos sectores que han tenido o están buscando una transformación, a saber:

En el sector energético, la transición de combustibles fósiles a fuentes renovables como solar y eólica plantea desafíos en el almacenamiento y la distribución de energía. La intermitencia de estas fuentes requiere soluciones avanzadas de almacenamiento, como baterías de alta capacidad, para garantizar un suministro constante. Además, la infraestructura de distribución debe modernizarse para manejar la variabilidad y la descentralización de la generación de energía renovable, asegurando así la estabilidad y la eficiencia en la red eléctrica.

En la industria manufacturera, la implementación de procesos de producción más limpios y eficientes implica la adopción de tecnologías que minimizan los residuos y las emisiones. Esto puede incluir la optimización del uso de recursos, la implementación de sistemas de reciclaje y reutilización, y la inversión en tecnologías que reduzcan la huella de carbono. Estas prácticas no solo ayudan a proteger el medio ambiente, sino que también pueden resultar en ahorros operativos y mejorar la imagen de la organización.

En la agricultura, adaptarse a prácticas sostenibles significa implementar métodos que reduzcan el uso excesivo de agua y fertilizantes, y disminuyan la huella de carbono. Esto incluye técnicas como la agricultura de precisión, que utiliza tecnología para aplicar recursos de manera eficiente, el cultivo de cobertura para mejorar la salud del suelo, y sistemas de riego optimizados para conservar el agua. Estas prácticas no solo ayudan a proteger el medio ambiente, sino que también pueden aumentar la sostenibilidad y rentabilidad a largo plazo de las operaciones agrícolas.

En el sector del transporte, la innovación se centra en el desarrollo de vehículos eléctricos y la expansión de sistemas de transporte masivo para reducir la contaminación y la dependencia del petróleo. Esto incluye la mejora de la infraestructura de carga para vehículos eléctricos, el fomento de políticas que incentiven su uso, y la inversión en transporte público eficiente y sostenible, contribuyendo así a un entorno urbano más limpio y menos congestionado.

En el sector de la construcción, el desarrollo de edificaciones verdes se enfoca en minimizar el consumo de energía y utilizar materiales sostenibles. Esto se logra a través de diseños que aprovechan la luz natural, sistemas de energía renovable, aislamiento térmico eficiente, y el uso de materiales reciclados o de bajo impacto ambiental. Estas prácticas reducen la huella de carbono de los edificios y promueven un entorno más saludable y sostenible.

Las industrias enfrentan retos medioambientales únicos según su naturaleza y operación. Por ejemplo, la energía debe transitar hacia fuentes renovables, la manufactura requiere procesos más limpios, la agricultura debe adoptar prácticas sostenibles para gestionar recursos, el transporte está innovando con vehículos eléctricos y sistemas masivos menos contaminantes, y la construcción se enfoca en edificaciones verdes. Cada sector tiene estrategias específicas para mitigar su impacto ambiental y adaptarse a las demandas de sostenibilidad.

En conclusión, diferentes industrias enfrentan retos medioambientales únicos, adaptándose mediante innovaciones y prácticas sostenibles específicas a su sector. Desde la energía hasta la construcción, cada industria está desarrollando estrategias para minimizar su impacto ambiental, cumplir con regulaciones, y satisfacer la demanda de los consumidores por prácticas responsables, lo que a su vez impulsa el progreso hacia una economía más verde y sostenible.

Estrategias de Adaptación y Mitigación

La página www.sostenibilidad.com[1] propone algunas medidas de mitigación y adaptación en forma general para las organizaciones, las comunidades y las políticas públicas, como son:

Medidas de mitigación de los efectos del cambio climático

Entre las medidas de mitigación que se pueden poner en marcha para evitar el aumento de las emisiones contaminantes se encuentran las siguientes:

- Practicar la eficiencia energética
- Mayor uso de energías renovables
- Electrificación de procesos industriales
- Implementación de medios de transportes eficientes: transporte público eléctrico, bicicleta, coches compartidos
- Impuesto sobre el carbono y mercados de emisiones

Medidas de adaptación

En cuanto a las medidas de adaptación, son varias las acciones que ayudan a reducir la vulnerabilidad ante las consecuencias del cambio climático:

- Construcción de instalaciones y obras de infraestructuras más seguras
- Restauración paisajística -paisaje natural- y reforestación de bosques
- Creación de un cultivo flexible y variado para estar preparados ante catástrofes naturales que amenacen las cosechas
- Investigación y desarrollo sobre posibles catástrofes,

---

1. http://www.sostenibilidad.com

comportamiento de la temperatura, etc.

- Medidas de prevención y precaución (planes de evacuación, cuestiones sanitarias, etc.)

Según Araya (2020), la verdadera aplicación sustancial del análisis y diagnóstico que se proyecte dentro de una organización en la fase creadora o creativa de la estrategia, es el insumo que permite luego con claridad y adecuada comunicación, ejecutar la estrategia del concepto a la práctica. Esta sana conciencia competitiva, pasa por supuesto por el filtro del desarrollo sostenible en sus ámbitos de consideración ambiental, social, económica y cultural.

El tema de la competitividad y las consideraciones ambientales, sociales, culturales y económicas tienen ocupados a las organizaciones del mundo, a los gobiernos e instituciones y a las personas.

Muchas organizaciones están tomando medidas para asegurarse de que sus productos están limpios. En enero del 2007, los cuatro vendedores al menudeo más grande del mundo, Wal-Mart, Tesco de Gran Bretaña, Carrefour de Francia y Metro de Alemania, crearon el Programa Mundial de Cumplimiento Social con el fin de elaborar un código uniforme de normas en el lugar de trabajo para todas las fábricas que les suministran productos en el mundo entero. (Goleman, 2009, p.246).

Las transnacionales están prestando atención al tema tanto de la competitividad como de la sostenibilidad ambiental, social y económica de sus negocios como forma de mantenimiento en el tiempo.

Las organizaciones pueden implementar prácticas sostenibles para adaptarse al cambio climático de varias maneras:

Evaluación de Impacto Ambiental: Realizar evaluaciones periódicas para comprender cómo las operaciones de la organización impactan en el medio ambiente y cómo el cambio climático puede afectar la cadena de suministro, producción y distribución.

Reducción de Emisiones de Carbono: Adoptar tecnologías limpias y eficientes para reducir las emisiones de gases de efecto invernadero. Esto puede incluir el uso de energías renovables, como la solar o eólica, y la mejora de la eficiencia energética en edificios y procesos industriales.

Uso Sostenible de Recursos: Implementar prácticas que promuevan el uso eficiente de recursos, como el agua y los materiales. Esto puede incluir reciclaje, reutilización, reducción del uso de plásticos y la gestión sostenible de residuos.

Inversión en Infraestructura Verde: Desarrollar y mantener infraestructuras que sean resilientes al cambio climático, como la construcción de edificios verdes, la protección de áreas costeras y la inversión en sistemas de drenaje sostenible.

Cadenas de Suministro Sostenibles: Trabajar con proveedores que también adopten prácticas sostenibles, asegurando que toda la cadena de valor esté comprometida con la reducción del impacto ambiental.

Innovación y Desarrollo de Productos Sostenibles: Desarrollar productos o servicios que tengan un menor impacto ambiental durante su ciclo de vida, desde la producción hasta el desecho.

Educación y Capacitación: Capacitar a los colaboradores sobre la importancia de la sostenibilidad y cómo pueden contribuir a través de sus roles en la organización.

Participación y Colaboración: Colaborar con otras organizaciones, gobiernos, ONGs y la sociedad civil para desarrollar soluciones sostenibles y aumentar la conciencia sobre el cambio climático.

Adaptación al Cambio Climático: Identificar y prepararse para los riesgos relacionados con el cambio climático, como fenómenos meteorológicos extremos y cambios en los patrones climáticos, para asegurar la continuidad del negocio.

Reporte y Transparencia: Informar regularmente sobre el desempeño ambiental de la organización y el progreso hacia el logro de objetivos sostenibles, fomentando la transparencia y la rendición de cuentas.

Implementando estas prácticas, las organizaciones no solo pueden reducir su impacto ambiental y adaptarse al cambio climático, sino también mejorar su reputación, asegurar la sostenibilidad a largo plazo de sus operaciones y abrir nuevas oportunidades de negocio.

El cumplimiento de requerimientos éticos, de eficiencia, de responsabilidad social, de sostenibilidad, de cumplimiento ambiental, de transparencia, es y seguirá siendo en los próximos años una estrategia para mantenerse y salir avante en la enorme tarea que las personas, las organizaciones, las organizaciones, los gobiernos y las autoridades del mundo tienen que enfrentar para sobrevivir en un planeta que de seguir con el uso inadecuado y desenfrenado de los recursos actuales, las próximas generaciones no tendrán donde vivir según se intuye.

Las organizaciones juegan un papel crucial en la lucha contra el cambio climático y en la promoción de un futuro sostenible. Implementando prácticas sostenibles, pueden minimizar su impacto ambiental, adaptarse a los efectos del cambio climático, y contribuir significativamente a la protección del medio ambiente. Esto no solo beneficia al planeta, sino que también asegura la viabilidad a largo plazo de las organizaciones, mejora su imagen corporativa y abre oportunidades de innovación y crecimiento. Por tanto, la adopción de medidas sostenibles es una estrategia esencial para las organizaciones que buscan prosperar en un mundo cada vez más consciente de la importancia de la sostenibilidad ambiental.

Beneficios de la sostenibilidad

La sostenibilidad ofrece múltiples beneficios tanto para las organizaciones como para la sociedad y el medio ambiente. Algunos de estos beneficios incluyen:

Mejora de la Eficiencia y Reducción de Costos:

Implementar prácticas sostenibles puede llevar a una mayor eficiencia en el uso de recursos, lo que a menudo resulta en una reducción de costos. Por ejemplo, la eficiencia energética y el uso de fuentes de energía renovable pueden disminuir los gastos en energía.

Resiliencia ante Cambios y Riesgos:

La sostenibilidad ayuda a las organizaciones a ser más resilientes frente a los desafíos económicos, sociales y ambientales. Al anticiparse y adaptarse a los cambios, como los patrones climáticos extremos, las organizaciones pueden proteger sus operaciones y cadenas de suministro.

Mejora de la Imagen y Relaciones Públicas:

Las organizaciones que adoptan prácticas sostenibles suelen disfrutar de una mejor imagen pública. Esto puede traducirse en una mayor lealtad de los clientes, atracción de inversores conscientes de la sostenibilidad y una reputación corporativa positiva.

Acceso a Nuevos Mercados y Oportunidades de Negocio:

La sostenibilidad puede abrir nuevas oportunidades de mercado, incluyendo el desarrollo de productos y servicios sostenibles que satisfagan la creciente demanda de los consumidores por soluciones más verdes y éticas.

Atracción y Retención de Talento:

Las organizaciones con compromisos claros con la sostenibilidad a menudo atraen a colaboradores que valoran la responsabilidad social y ambiental, mejorando la retención y atracción de talento.

Cumplimiento Regulatorio y Ventajas Competitivas:

Las prácticas sostenibles pueden ayudar a las organizaciones a cumplir con la regulación ambiental y a superar a los competidores que son menos proactivos en la adopción de estas prácticas.

Contribución a la Conservación del Medio Ambiente:

Las prácticas sostenibles contribuyen directamente a la conservación de los recursos naturales, la protección de la biodiversidad y la mitigación del cambio climático.

Mejora del Bienestar Social:

Al promover la sostenibilidad, las organizaciones pueden contribuir al desarrollo económico local, mejorar las condiciones de vida de las comunidades y promover la equidad social.

Fomento de la Innovación:

El enfoque en la sostenibilidad puede impulsar la innovación, alentando a las organizaciones a desarrollar nuevas tecnologías y procesos que sean tanto económicamente viables como ambientalmente amigables.

Fortalecimiento de las Relaciones con los Stakeholders:

Una gestión sostenible fortalece las relaciones con los grupos de interés, incluyendo clientes, colaboradores, proveedores, comunidades y reguladores, construyendo confianza y fomentando el apoyo a largo plazo.

En resumen, la sostenibilidad no solo es esencial para proteger el medio ambiente, sino que también ofrece beneficios económicos, sociales y estratégicos significativos, contribuyendo al éxito a largo plazo de las organizaciones y al bienestar general de la sociedad.

La sostenibilidad es fundamental para el futuro de nuestro planeta y la supervivencia de las organizaciones en el largo plazo. Adoptar prácticas sostenibles conlleva una amplia gama de beneficios, que incluyen la mejora de la eficiencia operativa, la reducción de costos, el fortalecimiento de la resiliencia organizacional, el mejoramiento de la imagen corporativa, el acceso a nuevos mercados, la atracción de talento, el cumplimiento regulatorio, la conservación del medio ambiente, el fomento del bienestar social y la promoción de la innovación. Estos beneficios demuestran que la sostenibilidad no es solo una responsabilidad ética, sino también una estrategia inteligente y necesaria para garantizar el éxito y la viabilidad de cualquier entidad en un mundo cada vez más consciente de las limitaciones ambientales y sociales.

Conclusión

La integración de la sostenibilidad en el núcleo estratégico de las organizaciones es fundamental para su éxito y viabilidad a largo plazo. Esta integración no solo responde a la creciente demanda de responsabilidad ambiental y social por parte de consumidores, inversores y reguladores, sino que también se alinea con una visión estratégica que busca la sostenibilidad económica, social y ambiental. La adopción de prácticas sostenibles permite a las organizaciones anticiparse a riesgos futuros, innovar en sus procesos y productos, y construir una reputación sólida que fomenta la lealtad de los stakeholders.

Las organizaciones que colocan la sostenibilidad en el corazón de su estrategia demuestran una comprensión profunda de la interconexión entre el éxito organizaciónrial y el bienestar del planeta y de la sociedad. Estas organizaciones no solo están en mejor posición para enfrentar los desafíos del futuro, sino que también lideran el camino hacia un mundo más sostenible y equitativo.

Resumiendo, la sostenibilidad no debe ser vista como una agenda secundaria o como un requisito de cumplimiento, sino como un elemento central y estratégico que impulsa la innovación, el crecimiento sostenible y la resiliencia a largo plazo. La capacidad de una organización para integrar efectivamente la sostenibilidad en su estrategia central no solo define su éxito en el mercado actual, sino que también establece su legado en el futuro, contribuyendo a un impacto positivo y duradero en el mundo.

Capítulo 5. Globalización y Mercados Internacionales

Introducción

La globalización es un fenómeno que ha transformado profundamente el tejido económico, político, social y cultural del mundo. Se refiere al proceso de interacción e integración entre personas, organizaciones y Gobiernos de diferentes naciones, un proceso impulsado por el comercio internacional y apoyado por la tecnología de la información. Este fenómeno ha tenido un impacto significativo en la forma en que las organizaciones operan y compiten en el escenario mundial.

En el ámbito organizaciónrial, la globalización ha desdibujado las fronteras geográficas, haciendo que los mercados internacionales sean más accesibles y conectados. Las organizaciones ya no están limitadas por su ubicación geográfica; pueden expandir su alcance a nivel global con relativa facilidad. Esto no solo ha abierto puertas a nuevas oportunidades de mercado, sino que también ha intensificado la competencia, obligando a las organizaciones a adoptar estrategias más innovadoras y eficientes para mantenerse relevantes y competitivas.

La globalización ha acelerado el flujo de capital, bienes, servicios, tecnología y conocimientos a través de las fronteras internacionales. Ha permitido a las organizaciones aprovechar las ventajas competitivas de diferentes países, como costos laborales más bajos, acceso a recursos naturales y capacidades tecnológicas avanzadas. Al mismo tiempo, ha exigido a las organizaciones ser más sensibles a las diversidades culturales, económicas y políticas, adaptando sus prácticas de gestión a las variadas condiciones y expectativas de los mercados globales.

Además, la globalización ha fomentado la interdependencia económica entre las naciones, lo que significa que los eventos en un país pueden tener efectos significativos en otros. Esta interconexión plantea tanto oportunidades como desafíos para la gestión organizaciónrial. Las organizaciones deben ahora considerar factores globales en su toma de decisiones, desde fluctuaciones en los mercados financieros internacionales hasta cambios en las políticas comerciales y ambientales a nivel mundial.

Por lo tanto, el impacto de la globalización en la competitividad y gestión organizaciónrial es profundo y multifacético. Requiere que las organizaciones no solo amplíen su visión más allá de las fronteras nacionales, sino que también adopten enfoques más globales y estratégicos para operar en mercados internacionales. Este capítulo explorará cómo la globalización ha reconfigurado el panorama de los mercados internacionales y las implicaciones que esto tiene para la competitividad y gestión organizaciónrial, enfatizando la necesidad de integrar prácticas organizacionales que abarquen la complejidad y dinamismo de la economía global.

Impacto de la Globalización en la Competitividad Organizacional

El impacto de la globalización en la competitividad organizacional es profundo y multifacético, alterando la forma en que las organizaciones operan y compiten a nivel global. A continuación, se detallan los aspectos clave de este impacto:

1. Acceso a Mercados Más Amplios

La globalización ha eliminado muchas barreras comerciales, permitiendo a las organizaciones acceder a mercados internacionales más amplios. Esto se traduce en oportunidades para aumentar las ventas y expandir la base de clientes. Las organizaciones que aprovechan estas oportunidades pueden lograr un crecimiento significativo al entrar en mercados emergentes y economías en desarrollo, donde la demanda de bienes y servicios a menudo está en aumento.

2. Intensificación de la Competencia

Con la expansión a nuevos mercados, las organizaciones se enfrentan a una competencia más intensa, no solo de organizaciones locales sino también de multinacionales que operan globalmente. Esto exige un enfoque más estratégico en la diferenciación de productos, la innovación y el marketing. La competitividad ya no se define solo por factores locales, sino por la capacidad de una organización para destacarse en un escenario global.

3. Optimización de las Operaciones y Reducción de Costos

La globalización permite a las organizaciones optimizar sus operaciones mediante la externalización y la deslocalización de ciertas actividades a países donde los costos de producción, mano de obra o materias primas son más bajos. Esto puede conducir a una significativa reducción de costos y mejoras en la eficiencia operativa, fortaleciendo la posición competitiva de la organización.

4. Cadenas de Suministro Globales

Las organizaciones han desarrollado cadenas de suministro globales complejas que les permiten aprovechar las ventajas de diferentes regiones. La gestión eficiente de estas cadenas de suministro es crucial para mantener la competitividad, ya que cualquier interrupción puede tener consecuencias significativas en la producción, el tiempo de entrega y la satisfacción del cliente.

5. Innovación y Transferencia de Tecnología

La globalización facilita la transferencia de tecnología y conocimientos entre países y organizaciones, impulsando la innovación. Las organizaciones pueden acceder a nuevas tecnologías, conocimientos especializados y prácticas avanzadas que son cruciales para mantener la competitividad en un mercado globalizado.

6. Adaptación a Normativas y Estándares Globales

Las organizaciones deben cumplir con normativas y estándares internacionales en áreas como calidad, seguridad, medio ambiente y ética laboral. La adaptación a estos estándares no solo es necesaria para operar en mercados internacionales, sino que también mejora la competitividad al asegurar la calidad y la confiabilidad de los productos y servicios.

7. Sensibilidad Cultural y Personalización del Producto

La competencia global exige una mayor sensibilidad cultural y la capacidad de personalizar productos y servicios para satisfacer las necesidades y preferencias específicas de los mercados locales. Las organizaciones exitosas son aquellas que entienden y respetan las diferencias culturales, integrándolas en sus estrategias de marketing y desarrollo de productos.

En conclusión, la globalización ha tenido un impacto significativo en la competitividad organizaciónrial, brindando oportunidades y desafíos. Las organizaciones que logran adaptarse a este entorno dinámico y aprovechar las oportunidades que ofrece la globalización están en una mejor posición para competir y tener éxito a nivel internacional.

Globalización y Gestión Organizaciónrial

La globalización ha influido considerablemente en la gestión organizaciónrial, transformando las estrategias, operaciones y estructuras organizacionales. Este impacto se manifiesta en varios aspectos clave de la gestión organizaciónrial:

Adaptación Cultural y de Mercado

- **Conciencia Cultural**: La gestión en un contexto globalizado requiere una comprensión profunda de las diferencias culturales. Las organizaciones deben ser conscientes de las normas sociales, prácticas comerciales y preferencias de los consumidores en diferentes culturas para operar con éxito en mercados internacionales.

- **Estrategias de Mercado Localizadas**: Es fundamental adaptar productos, servicios y campañas de marketing para satisfacer las necesidades específicas de cada mercado. La gestión organizaciónrial debe equilibrar la estandarización global con la personalización local para maximizar la relevancia y el atractivo en diversos contextos culturales.

Gestión de Riesgos Globalizados

- **Riesgos Económicos y Políticos**: Las organizaciones enfrentan riesgos económicos, como fluctuaciones monetarias, y riesgos políticos, incluidos cambios en políticas comerciales y tensiones geopolíticas. La gestión eficaz de estos riesgos es crucial para la estabilidad y el éxito en el ámbito global.

- **Riesgos de Cadena de Suministro**: La dependencia de una cadena de suministro global expone a las organizaciones a vulnerabilidades, como interrupciones por desastres naturales o conflictos laborales. La gestión organizaciónrial debe desarrollar estrategias de mitigación y planes de contingencia robustos.

Innovación y Desarrollo de Productos

- **Innovación Abierta**: La globalización permite a las organizaciones adoptar un enfoque de innovación abierta, colaborando con socios, instituciones académicas y otros actores a nivel mundial para desarrollar nuevas ideas y soluciones.

- **Adaptación de Productos**: Las organizaciones deben innovar continuamente en el desarrollo de productos para atender las preferencias cambiantes y las condiciones específicas de los mercados globales.

Estrategias de Recursos Humanos

- **Diversidad en el Lugar de Trabajo**: La gestión global de recursos humanos implica administrar una fuerza laboral diversa, aprovechando las ventajas que ofrece la diversidad en términos de perspectivas, habilidades y conocimientos.

- **Capacitación y Desarrollo**: Invertir en la capacitación y el desarrollo de colaboradores a nivel mundial es clave para construir un equipo que pueda operar eficientemente en un entorno organizaciónrial globalizado.

Tecnología y Comunicación

- **Uso de Tecnología Avanzada**: La globalización ha impulsado la adopción de tecnologías avanzadas para gestionar operaciones internacionales, incluidas plataformas de comunicación, sistemas de gestión de información y herramientas de análisis de datos.

- **Comunicación Efectiva**: Las estrategias de comunicación deben ser efectivas a nivel global, superando barreras lingüísticas y culturales para asegurar un entendimiento claro y preciso entre todas las partes de la organización.

Sostenibilidad y Responsabilidad Social

- **Prácticas Sostenibles**: Las organizaciones globales deben adoptar prácticas sostenibles y responsables, considerando su impacto ambiental y social a nivel mundial.

- **Compromiso con la Responsabilidad Social Corporativa (RSC)**: Integrar la RSC en la estrategia organizaciónrial global es vital para abordar las expectativas de los stakeholders y contribuir positivamente a la sociedad.

En conclusión, la globalización ha redefinido la gestión organizaciónrial, exigiendo a las organizaciones adaptarse a un entorno dinámico y diverso. Las organizaciones que logran integrar eficazmente la gestión cultural, los riesgos globalizados, la innovación, las estrategias de recursos humanos, la tecnología avanzada, y la sostenibilidad en su modelo de negocio están mejor posicionadas para tener éxito en el mercado global.

Efectos de la Globalización en la Estrategia Organizacional

La globalización ha tenido un impacto transformador en la estrategia organizacional, obligando a las organizaciones a replantear su enfoque y métodos para mantener la competitividad en el mercado global. A continuación, se examinan los efectos clave de la globalización en la estrategia organizacional:

Estrategias de Entrada al Mercado

- **Elección del Modo de Entrada**: Las organizaciones deben decidir cuidadosamente sobre la estrategia de entrada al mercado, que puede incluir exportaciones, inversión directa, joint ventures, alianzas estratégicas o franquicias. Cada opción tiene sus propios riesgos y beneficios, y la elección debe alinearse con los objetivos a largo plazo de la organización y las condiciones específicas del mercado objetivo.

- **Estrategias Graduales vs. Agresivas**: La decisión entre una expansión internacional gradual o una entrada más agresiva depende de factores como la capacidad de la organización, la naturaleza del mercado, la competencia y la tolerancia al riesgo.

Alineación Estratégica Global

- **Integración Global vs. Adaptación Local**: Las organizaciones necesitan encontrar el equilibrio adecuado entre la estandarización global de sus operaciones y la adaptación a las condiciones locales. Esto implica ajustar productos, servicios y estrategias de marketing para atender las necesidades específicas de cada mercado, manteniendo al mismo tiempo una coherencia con la visión y estrategia global de la organización.

- **Gobernanza y Coordinación**: La gestión de operaciones en múltiples países requiere un sistema de gobernanza efectivo y mecanismos de coordinación para asegurar que las políticas y procedimientos se implementen de manera coherente en todas las ubicaciones.

Desarrollo de Ventajas Competitivas Globales

- **Innovación Continua**: Para mantener una ventaja competitiva en el mercado global, las organizaciones deben centrarse en la innovación continua, desarrollando nuevos productos y servicios que satisfagan las demandas cambiantes de los consumidores a nivel mundial.

- **Gestión del Talento Global**: Aprovechar la experiencia y las habilidades de una fuerza laboral global diversa puede proporcionar a las organizaciones ventajas competitivas, como perspectivas únicas, conocimiento local e innovación mejorada.

Respuesta a la Dinámica del Mercado Global

- **Agilidad y Flexibilidad**: Las organizaciones deben ser ágiles y flexibles para responder rápidamente a los cambios en el entorno del mercado global, como fluctuaciones económicas, tendencias emergentes y movimientos competitivos.

- **Monitoreo y Análisis del Mercado**: Implementar sistemas de monitoreo y análisis de mercado para identificar oportunidades y amenazas en tiempo real es fundamental para ajustar estrategias y operaciones de manera proactiva.

Sostenibilidad y Ética Global

- **Compromiso con Prácticas Sostenibles**: Integrar la sostenibilidad en la estrategia organizaciónrial global es crucial para abordar las preocupaciones ambientales y sociales, cumplir con las regulaciones internacionales y satisfacer las expectativas de los stakeholders.

- **Ética y Responsabilidad Corporativa**: Mantener altos estándares de ética y responsabilidad en todas las operaciones globales fortalece la reputación de la organización y fomenta la confianza y lealtad de clientes, colaboradores e inversores.

En resumen, la globalización exige que las estrategias organizacionales sean más dinámicas, integradas y adaptativas a los cambios constantes del mercado global. Las organizaciones exitosas son aquellas que logran alinear su visión y operaciones con las demandas y oportunidades del entorno globalizado, asegurando su competitividad y éxito a largo plazo en el mercado internacional.

Desafíos y Oportunidades en el Contexto de la

Globalización

La globalización presenta una serie de desafíos y oportunidades para las organizaciones que operan en el mercado internacional. A continuación, se detallan algunos de los aspectos más significativos:

Desafíos

1. **Barreras Culturales y Lingüísticas**: La diversidad cultural y lingüística puede ser un obstáculo significativo en la comunicación y la operación eficiente en diferentes mercados. Las organizaciones deben invertir en capacitación cultural y contratar personal local o con experiencia internacional para superar estas barreras.

1. **Fluctuaciones Económicas y Políticas**: Las organizaciones deben enfrentar la inestabilidad económica y las incertidumbres políticas en los mercados internacionales. Las fluctuaciones monetarias, los cambios en las políticas comerciales y los conflictos geopolíticos pueden afectar las operaciones y la planificación estratégica.

1. **Cumplimiento Normativo**: Navegar por el complejo panorama de las regulaciones internacionales y asegurar el cumplimiento en diferentes jurisdicciones es un reto constante. Las leyes laborales, las normativas ambientales, las reglas de comercio y los estándares de calidad varían significativamente entre países.

1. **Gestión de la Cadena de Suministro**: Mantener cadenas de suministro eficientes y resilientes a través de fronteras internacionales implica desafíos logísticos, incluyendo la gestión de costos de transporte, aduanas y riesgos de

interrupción.

1. **Riesgos de Reputación**: Las organizaciones globales están más expuestas a riesgos de reputación, donde un incidente en un país puede afectar negativamente la percepción de la marca a nivel mundial.

Oportunidades

1. **Expansión de Mercado**: La globalización ofrece a las organizaciones la oportunidad de acceder a nuevos mercados y clientes, expandiendo su alcance geográfico y potencial de crecimiento.

1. **Diversificación de Riesgos**: Operar en múltiples mercados puede ayudar a diversificar los riesgos, ya que la dependencia de un único mercado se reduce y se pueden compensar las pérdidas de un mercado con las ganancias de otro.

1. **Acceso a Recursos y Talentos Globales**: Las organizaciones pueden aprovechar los recursos globales, incluyendo materias primas, tecnologías avanzadas y talento humano diversificado, lo que puede mejorar la innovación y la competitividad.

1. **Economías de Escala**: Al expandirse globalmente, las organizaciones pueden lograr economías de escala en producción y distribución, reduciendo los costos unitarios y aumentando la eficiencia operativa.

1. **Aprendizaje e Innovación**: La exposición a diferentes mercados y culturas promueve el aprendizaje y la innovación, permitiendo a las organizaciones desarrollar productos y servicios mejorados que atienden a una variedad de

necesidades y preferencias de los clientes.

En conclusión, mientras la globalización conlleva desafíos significativos, también ofrece numerosas oportunidades para que las organizaciones crezcan, innoven y mejoren su competitividad en el mercado global. La clave para las organizaciones es adoptar estrategias efectivas de gestión que les permitan navegar por los desafíos y capitalizar las oportunidades que presenta la globalización.

Conclusión

Este capítulo ha explorado los profundos efectos de la globalización en los mercados internacionales y su impacto en la competitividad y gestión organizaciónrial. Hemos visto cómo la globalización ha expandido los horizontes de las organizaciones, ofreciendo acceso a nuevos mercados, pero también intensificando la competencia y exigiendo adaptaciones en la estrategia y gestión.

Resumen de Puntos Clave:

- **Acceso a Mercados Más Amplios**: La globalización ha permitido a las organizaciones acceder a mercados internacionales, ampliando su alcance y potencial de crecimiento.

- **Intensificación de la Competencia**: La competencia global ha impulsado la necesidad de innovación, eficiencia y diferenciación en el mercado.

- **Cadenas de Suministro Globales**: Las operaciones se han internacionalizado, requiriendo una gestión eficiente de las cadenas de suministro globales.

- **Gestión de Riesgos Globalizados**: Las organizaciones enfrentan riesgos económicos, políticos y operativos amplificados, necesitando estrategias robustas de gestión de riesgos.

- **Innovación y Desarrollo de Productos**: La presión por mantener la relevancia en el mercado global fomenta la innovación constante.

- **Adaptación Cultural y de Mercado**: La sensibilidad cultural y la adaptación a las preferencias locales son cruciales para el éxito en mercados internacionales.

- **Estrategia Organizaciónrial Global**: Se requiere un equilibrio entre la estandarización global y la adaptación local, junto con una gobernanza y coordinación efectivas.

Importancia de la Gestión Estratégica en la Globalización:

La gestión estratégica efectiva en el contexto de la globalización es vital para que las organizaciones no solo sobrevivan sino también prosperen. Esta gestión implica no solo adaptarse a los entornos cambiantes sino también anticiparse a las tendencias futuras y prepararse para ellas. Una estrategia organizaciónrial que integra plenamente la dimensión global puede aprovechar las oportunidades que la globalización ofrece, al tiempo que mitiga los riesgos asociados.

La competitividad en el mercado globalizado no depende únicamente de factores económicos, sino también de cómo las organizaciones manejan la diversidad cultural, la innovación, la sostenibilidad y la ética en sus operaciones internacionales. Por tanto, una gestión estratégica efectiva debe considerar todos estos aspectos, alineando las operaciones y estrategias globales con los valores y objetivos corporativos.

En conclusión, la globalización ha reconfigurado el panorama organizaciónrial, ofreciendo tanto desafíos como oportunidades. Las organizaciones que adoptan un enfoque estratégico y holístico, considerando la globalización como una parte integral de su planificación y operación, están mejor equipadas para navegar en la complejidad del mercado internacional y asegurar un éxito sostenible a largo plazo. La capacidad de adaptarse y responder proactivamente a la dinámica global no solo mejora la competitividad, sino que también establece un fundamento sólido para el crecimiento y la sostenibilidad organizaciónrial en el futuro.

Capítulo 6. Cambio Demográfico y Gestión de Talentos

Introducción al Cambio Demográfico

El cambio demográfico se refiere a la transformación en la estructura poblacional de una región o país a lo largo del tiempo. Este fenómeno es resultado de la interacción entre varios factores clave: la natalidad, la mortalidad, la migración y el envejecimiento de la población.

Natalidad

La natalidad, o tasa de nacimiento, es una medida crítica que indica el número de nacimientos por cada mil personas en un año. Un aumento en la natalidad puede conducir a un crecimiento poblacional, mientras que una disminución puede señalar una sociedad envejecida o con crecimiento poblacional negativo.

Mortalidad

La mortalidad, por otro lado, se refiere a la cantidad de fallecimientos en una población durante un período específico. La disminución de las tasas de mortalidad, gracias a los avances en la medicina y las mejoras en las condiciones de vida, ha sido un factor significativo en el incremento de la esperanza de vida y el crecimiento poblacional.

Migración

La migración, tanto interna como internacional, es otro componente vital del cambio demográfico. La migración puede alterar rápidamente la composición de una población, aumentando o disminuyendo el tamaño y la diversidad de la población en un área determinada.

Envejecimiento de la Población

El envejecimiento de la población se refiere al aumento en la proporción de personas mayores dentro de una sociedad. Este fenómeno es especialmente notorio en países con bajas tasas de natalidad y mortalidad, donde la proporción de personas mayores aumenta en relación con otros grupos de edad.

Impacto en la Estructura Poblacional y la Dinámica Social

Estos factores interactúan de manera compleja para modelar la estructura poblacional, afectando la pirámide de edades, la distribución de género, y la composición étnica y cultural. Por ejemplo, un país con alta natalidad y baja mortalidad experimentará un crecimiento joven de la población, mientras que un país con baja natalidad y baja mortalidad verá un aumento en la proporción de personas mayores.

A nivel social, los cambios demográficos pueden influir en la economía, la política, la educación, y la demanda de servicios públicos como la salud y la seguridad social. Las sociedades con poblaciones envejecidas enfrentan desafíos como el aumento de los costos de atención médica y las pensiones, mientras que aquellas con un crecimiento joven pueden experimentar presiones sobre el empleo, la educación y la vivienda.

En conclusión, entender el cambio demográfico es esencial para anticipar y planificar las necesidades futuras de la sociedad, desde la infraestructura hasta los servicios públicos y las políticas de gestión de talento, asegurando así el bienestar social y económico a largo plazo.

Impacto del Cambio Demográfico en la Fuerza Laboral

Variación en la Estructura de Edad y Disponibilidad de Colaboradores

La variación en la estructura de edad de la población afecta directamente la disponibilidad y composición de habilidades en el mercado laboral. Con una población envejecida, hay menos jóvenes ingresando al mercado de trabajo, lo que puede resultar en una escasez de colaboradores en ciertas áreas. Además, la estructura de edad también impacta las habilidades disponibles, ya que las generaciones más jóvenes suelen tener competencias diferentes, especialmente en tecnología y comunicación digital, en comparación con las generaciones mayores.

Envejecimiento Poblacional y su Efecto en la Productividad y Sistemas de Pensiones

El envejecimiento poblacional presenta desafíos significativos para la productividad y los sistemas de pensiones y seguridad social. Con una proporción mayor de la población retirándose, hay menos colaboradores contribuyendo a los sistemas de pensiones, mientras que el número de beneficiarios aumenta. Esto puede llevar a un desequilibrio financiero en los sistemas de seguridad social. Además, el envejecimiento de la fuerza laboral puede influir en la productividad, ya que las habilidades y la capacidad de trabajo pueden cambiar con la edad.

Migración como Compensación a la Escasez de Colaboradores

La migración juega un papel crucial en la compensación de la escasez de colaboradores en ciertos sectores o regiones. Los migrantes pueden llenar vacíos en el mercado laboral, aportando habilidades necesarias que no están disponibles localmente. Esto es particularmente relevante en sectores como la atención sanitaria, la tecnología y la agricultura, donde la demanda de colaboradores a menudo supera la oferta local. La migración también puede ayudar a equilibrar la estructura de edad de la población, introduciendo una población más joven y económicamente activa.

En resumen, el cambio demográfico tiene un impacto significativo en la fuerza laboral, afectando la disponibilidad y composición de colaboradores, la productividad y los sistemas de pensiones y seguridad social. La migración puede ofrecer una solución parcial a algunos de estos desafíos, equilibrando la dinámica de la fuerza laboral en un contexto demográfico cambiante.

Desafíos y Oportunidades para la Gestión de Talentos

Retos en la Atracción, Retención y Desarrollo de Talentos

Las organizaciones enfrentan varios retos para atraer, retener y desarrollar talentos en un contexto de cambio demográfico. Uno de los principales desafíos es la competencia por talento joven en mercados laborales donde la población envejecida es predominante. Las organizaciones deben encontrar formas atractivas para captar a esta demografía más joven, que busca no solo una remuneración adecuada sino también oportunidades de desarrollo, equilibrio entre la vida laboral y personal, y valores organizacionales que responden con sus expectativas.

Otro desafío significativo es la retención de colaboradores, especialmente cuando se consideran las expectativas y necesidades cambiantes de una fuerza laboral diversa en términos de edad. Las organizaciones deben desarrollar estrategias para gestionar y motivar a colaboradores de diferentes generaciones, que tienen distintas perspectivas y estilos de trabajo (Araya Naranjo G. M., 2024).

En términos de desarrollo, las organizaciones deben invertir en capacitación y desarrollo profesional continuo para garantizar que todos los colaboradores, independientemente de su edad, estén actualizados con las últimas tecnologías y prácticas de trabajo. Esto es crucial para mantener la competitividad y la innovación.

Adaptación de Estrategias de Gestión de Recursos Humanos

Existe una necesidad imperativa de adaptar las estrategias de gestión de recursos humanos a las nuevas realidades demográficas. Esto incluye reconocer y valorar la diversidad generacional en el lugar de trabajo y entender las diferentes motivaciones, expectativas y estilos de comunicación de cada generación (Araya Naranjo G. M., 2024).

Las organizaciones deben diseñar políticas de trabajo flexibles que atiendan las necesidades de una fuerza laboral diversa, como horarios flexibles, opciones de trabajo remoto y oportunidades de desarrollo de carrera adaptadas a las diferentes etapas de la vida de los colaboradores.

Además, la capacitación en diversidad e inclusión se vuelve fundamental para fomentar un ambiente de trabajo, donde todos los colaboradores se sientan valorados y puedan contribuir plenamente. Esto incluye entrenamiento para líderes y ejecutivos en técnicas de gestión de equipos multigeneracionales, promoviendo un entorno de respeto y colaboración.

Los desafíos demográficos presentan oportunidades para que las organizaciones innoven en sus prácticas de gestión de talentos. Adaptarse a estas tendencias no solo es esencial para la sostenibilidad de las organizaciones, sino que también puede convertirse en un factor diferenciador en el mercado, atrayendo y reteniendo a los mejores talentos.

Estrategias para la Gestión de Talentos en el Contexto Demográfico Actual

Enfrentando el Envejecimiento de la Fuerza Laboral

Para abordar el envejecimiento de la fuerza laboral, las organizaciones pueden implementar programas de mentoría y transferencia de conocimientos. Estos programas permiten que los colaboradores más experimentados pasen su conocimiento y habilidades a las generaciones más jóvenes, asegurando así la continuidad y el mantenimiento de la calidad en las operaciones. Además, tales iniciativas pueden mejorar el compromiso y la satisfacción laboral de los colaboradores mayores, permitiéndoles un rol activo en el desarrollo y crecimiento de la organización.

Fomentando la Inclusión y Diversidad

La inclusión y la diversidad son esenciales para aprovechar un espectro más amplio de habilidades y experiencias, lo cual es crucial en un contexto demográfico cambiante. Las organizaciones deben crear entornos inclusivos que valoricen las diferencias y permitan a todos los colaboradores contribuir plenamente. Esto puede involucrar la implementación de políticas que promuevan la igualdad de oportunidades, la eliminación de barreras para la participación de grupos subrepresentados y la creación de una cultura corporativa que celebre la diversidad.

Utilización de la Tecnología y Automatización

La tecnología y la automatización pueden ser herramientas clave para compensar los cambios demográficos y mejorar la eficiencia en las organizaciones. La implementación de nuevas tecnologías puede ayudar a reducir la carga de trabajo físico, especialmente en colaboradores de mayor edad, y puede aumentar la productividad general. Además, la automatización de tareas repetitivas permite que los colaboradores se concentren en actividades de mayor valor, fomentando un uso más estratégico del talento humano. Las organizaciones deben evaluar cómo las tecnologías emergentes pueden integrarse en sus operaciones para mejorar la eficiencia y apoyar la gestión de talentos en un contexto demográfico en evolución.

Al adoptar estas estrategias, las organizaciones pueden manejar mejor los desafíos asociados con el cambio demográfico, asegurando un enfoque proactivo en la gestión de talentos que aproveche al máximo la fuerza laboral diversa y en evolución.

Estudios de Caso

Organización A: Adaptación a una Fuerza Laboral Envejecida

Una organización líder en la industria manufacturera, la Organización A, enfrentó desafíos debido a una fuerza laboral envejecida. Implementaron un programa integral de mentoría y transferencia de conocimientos que emparejaba colaboradores experimentados con jóvenes aprendices. Esto no solo facilitó la transferencia de habilidades esenciales, sino que también impulsó la innovación, ya que los colaboradores más jóvenes aportaron nuevas perspectivas y conocimientos tecnológicos. La organización logró mantener la continuidad en sus operaciones y mejoró su capacidad de innovación, adaptándose exitosamente al cambio demográfico.

Organización B: Fomentando la Diversidad e Inclusión

Organización B, una corporación global de tecnología, implementó políticas avanzadas de diversidad e inclusión para crear un entorno laboral más representativo y equitativo. Introdujeron programas de capacitación en diversidad, equidad e inclusión (DEI) para todos los niveles de la organización y adoptaron prácticas de contratación que priorizaban la diversidad. Como resultado, la organización experimentó un aumento en la innovación, una mejor toma de decisiones y una mayor satisfacción laboral, demostrando cómo la diversidad puede ser un motor de éxito en un mercado laboral cambiante.

Organización C: Empleando Tecnología y Automatización

La Organización C, una entidad del sector de servicios, enfrentaba la necesidad de adaptarse a un mercado laboral en declive poblacional. Implementaron tecnología avanzada y sistemas de automatización para manejar tareas rutinarias, permitiendo que su fuerza laboral se concentre en tareas más estratégicas y creativas. Esto no solo compensó la disminución de colaboradores disponibles, sino que también aumentó la eficiencia operativa y la satisfacción del personal, al eliminar tareas monótonas y permitir un enfoque en el trabajo más gratificante y de mayor impacto.

Estos estudios de caso ilustran cómo diferentes organizaciones han abordado con éxito los desafíos presentados por el cambio demográfico. Cada una implementó estrategias adaptadas a sus circunstancias particulares, demostrando que una gestión de talentos proactiva y estratégica es clave para prosperar en un entorno laboral en constante evolución.

Conclusión

Este capítulo ha explorado cómo el cambio demográfico influye significativamente en la fuerza laboral y la gestión de talentos. Hemos visto que factores como el envejecimiento de la población, la variación en la estructura de edad, y la migración tienen profundos impactos en la disponibilidad de colaboradores, la composición de habilidades en el mercado laboral, la productividad y los sistemas de pensiones y seguridad social.

La gestión efectiva de talentos en este contexto requiere una comprensión profunda de estas dinámicas y la implementación de estrategias adaptativas. Las organizaciones deben ser proactivas en la atracción, retención y desarrollo de talentos, considerando la diversidad generacional y la inclusión como pilares fundamentales. Programas como la mentoría y la transferencia de conocimientos, así como la adopción de tecnologías emergentes y la automatización, son esenciales para abordar los desafíos asociados con el cambio demográfico.

La planificación estratégica y proactiva en la gestión de recursos humanos es crucial para anticipar y responder a los desafíos futuros. Las organizaciones que logran adaptarse y evolucionar en respuesta a los cambios demográficos no solo pueden sobrevivir sino también prosperar, capitalizando las oportunidades que estos cambios presentan.

Entender el cambio demográfico y sus implicancias en la fuerza laboral es esencial para una gestión de talentos efectiva. Las organizaciones que adopten un enfoque estratégico y proactivo en la gestión de su talento humano estarán mejor posicionadas para enfrentar los desafíos y aprovechar las oportunidades del futuro del trabajo.

Capítulo 7: Innovación Organizacional y Cultura

Introducción a la Innovación Organizacional

La innovación organizacional se refiere a la introducción y aplicación de ideas, procesos, productos o procedimientos nuevos y mejorados dentro de una organización. Este concepto abarca desde pequeñas mejoras en el día a día hasta transformaciones radicales que pueden cambiar la dirección de la organización. La importancia de la innovación organizacional radica en su capacidad para permitir que las organizaciones se mantengan competitivas en un entorno que cambia rápidamente, respondiendo a las nuevas demandas del mercado, las tendencias emergentes y los avances tecnológicos.

La innovación está intrínsecamente ligada a la mejora continua y la adaptación al cambio. La mejora continua implica un esfuerzo constante para optimizar los procesos, productos y servicios, mientras que la adaptación al cambio requiere una capacidad organizacional para responder y capitalizar los cambios en el entorno externo, como las fluctuaciones del mercado, las innovaciones tecnológicas y los cambios en las preferencias de los consumidores. Juntas, la innovación y la mejora continua forman un ciclo dinámico que impulsa a las organizaciones hacia un mayor rendimiento y relevancia en su sector.

En el contexto competitivo actual, la innovación organizacional no es solo un factor de diferenciación, sino una necesidad para la supervivencia. Las organizaciones que fomentan una cultura de innovación y están abiertas a explorar nuevas formas de hacer negocios pueden adaptarse más fácilmente a los cambios del mercado, capturar nuevas oportunidades y mantener su liderazgo en la industria.

La Cultura de Innovación

Elementos Clave de una Cultura de Innovación

Una cultura de innovación se caracteriza por varios elementos clave que la definen y la sustentan:

Creatividad: Es fundamental para generar ideas novedosas y soluciones originales. Una cultura de innovación fomenta un ambiente en el que la creatividad es valorada y estimulada, permitiendo que los colaboradores experimenten y piensen fuera de lo establecido.

Apertura al Cambio: Las organizaciones innovadoras son aquellas que no solo aceptan el cambio, sino que lo buscan activamente. Están dispuestas a modificar sus procesos, estrategias y estructuras para adaptarse o liderar el cambio en sus mercados.

Apetito por el Riesgo: Innovar implica asumir riesgos. Las organizaciones con una cultura de innovación reconocen que el fracaso es parte del proceso de innovación y ven los riesgos como oportunidades para aprender y crecer. El apetito por el riesgo se equilibra con una gestión prudente del mismo.

Cultivando y Manteniendo una Cultura de Innovación

Cultivar y mantener una cultura de innovación requiere un enfoque consciente y estratégico:

Liderazgo y Compromiso: El compromiso con la innovación debe empezar desde la cúpula de la organización. Los líderes deben ser campeones de la innovación, estableciendo una visión clara y demostrando con el ejemplo la importancia de adoptar nuevas ideas y enfoques.

Estructuras y Procesos de Apoyo: Las estructuras organizativas y los procesos deben diseñarse de manera que faciliten la innovación. Esto puede incluir la creación de equipos dedicados a la innovación, la implementación de procesos para la generación y evaluación de ideas, y la provisión de recursos para desarrollar y probar nuevas iniciativas.

Cultura del Aprendizaje: La innovación se alimenta de un entorno donde el aprendizaje continuo es valorado y fomentado. Las organizaciones deben invertir en capacitación y desarrollo para mantener a sus colaboradores al tanto de las últimas tendencias y tecnologías, y al mismo tiempo fomentar una mentalidad de aprendizaje constante.

Reconocimiento y Recompensa: Para sostener una cultura de innovación, es crucial reconocer y recompensar los esfuerzos de innovación, incluso cuando no resultan exitosos. Celebrar los intentos de innovación anima a los colaboradores a seguir explorando y experimentando.

Una cultura de innovación se construye sobre la creatividad, la apertura al cambio y un apetito saludable por el riesgo. Cultivar y mantener esta cultura requiere liderazgo comprometido, estructuras de apoyo, un enfoque en el aprendizaje continuo, y un sistema que reconozca y recompense los esfuerzos de innovación.

Factores Críticos para la Innovación Organizacional

Liderazgo Visionario

Un factor crítico para la innovación organizacional es el liderazgo visionario. Los líderes con visión de futuro no solo establecen la dirección estratégica de la organización, sino que también inspiran y motivan a los colaboradores a alcanzar objetivos innovadores. Estos líderes fomentan una cultura que valora la creatividad, la toma de riesgos calculados y el aprendizaje continuo. Al establecer un entorno en el que la innovación es una prioridad, los líderes visionarios pueden impulsar el cambio y guiar a la organización hacia nuevos horizontes.

Colaboración Interdepartamental

La colaboración interdepartamental es otro factor clave para la innovación. Cuando diferentes departamentos o unidades de negocio comparten conocimientos, recursos y habilidades, pueden surgir soluciones innovadoras que de otra manera no serían posibles. La colaboración fomenta la combinación de perspectivas diversas y puede conducir a un mayor pensamiento creativo y a la resolución de problemas de forma más efectiva. Las organizaciones que facilitan la comunicación y colaboración entre equipos, rompiendo silos y fomentando redes de trabajo transversales, tienden a ser más innovadoras.

Políticas que Fomentan la Experimentación y el Aprendizaje de los Fallos

Las políticas organizacionales que fomentan la experimentación y el aprendizaje de los fallos son fundamentales para una innovación sostenida. Estas políticas deben permitir a los colaboradores probar nuevas ideas y conceptos sin el temor al fracaso. Al reconocer que el fracaso es una parte del proceso de innovación, las organizaciones pueden aprender de los errores y mejorar. Esto implica también proporcionar el espacio y los recursos necesarios para que los colaboradores experimenten y testeen sus ideas.

Rol de la Diversidad e Inclusión

La diversidad e inclusión juegan un papel crucial en el fomento de la innovación, ya que traen una amplia gama de perspectivas, experiencias y soluciones a la mesa. Las organizaciones que promueven la diversidad en su fuerza laboral y crean un ambiente inclusivo son más propensas a generar ideas innovadoras. La diversidad de pensamiento puede desafiar el status quo y estimular el pensamiento creativo, llevando a soluciones más efectivas y productos o servicios innovadores.

En resumen, los factores críticos para la innovación organizacional incluyen liderazgo visionario, colaboración interdepartamental, políticas que alientan la experimentación y el aprendizaje de los errores, y un fuerte compromiso con la diversidad y la inclusión. Estos elementos trabajan conjuntamente para crear un entorno donde la innovación pueda florecer y sostenerse a largo plazo.

Estrategias para Cultivar una Cultura de Innovación

Fomentando la Innovación a través de la Capacitación y el Desarrollo

Una estrategia clave para promover una cultura de innovación es la inversión en capacitación y desarrollo. Las organizaciones deben proporcionar a sus colaboradores acceso a programas de formación que estimulen el pensamiento creativo y fomenten habilidades en áreas emergentes como la inteligencia artificial, el análisis de datos y el pensamiento de diseño. Estos programas no solo mejoran las habilidades técnicas, sino que también impulsan la mentalidad innovadora, preparando a los colaboradores para abordar desafíos complejos y encontrar soluciones novedosas.

Creación de Espacios para la Colaboración Creativa

El diseño del espacio de trabajo juega un papel crucial en la promoción de la innovación. Las organizaciones pueden crear espacios que fomenten la colaboración creativa, como áreas de trabajo abiertas, laboratorios de innovación y salas de descanso diseñadas para fomentar la interacción y el intercambio de ideas. Estos espacios deben ser accesibles para todos los colaboradores, fomentando la interacción entre diferentes departamentos y equipos para estimular el flujo de ideas y la colaboración.

Sistemas de Recompensa para la Generación de Ideas

Para incentivar la generación de ideas y la innovación, es fundamental establecer sistemas de recompensa que reconozcan y celebren tanto los éxitos como los intentos valientes de innovar. Esto podría incluir premios a la innovación, reconocimientos en reuniones de la organización, bonificaciones, u oportunidades de desarrollo profesional para aquellos que contribuyen significativamente a los esfuerzos de innovación de la organización.

Uso de la Tecnología para Apoyar la Innovación

La tecnología es un facilitador clave de la innovación. Las herramientas de colaboración, como las plataformas de gestión de proyectos y los sistemas de comunicación en línea, permiten a los equipos trabajar juntos de manera efectiva, independientemente de su ubicación física. Además, las plataformas de gestión de la innovación pueden ayudar a capturar y evaluar ideas, gestionar proyectos de innovación y monitorear el progreso hacia los objetivos de innovación. Estas tecnologías no solo agilizan el proceso de innovación, sino que también permiten una mayor participación y contribución de los colaboradores en las iniciativas de innovación.

Establecer Metas y Objetivos de Innovación Claros

Las organizaciones pueden definir metas y objetivos específicos de innovación para proporcionar dirección y propósito a sus esfuerzos. Establecer objetivos claros ayuda a alinear las actividades de innovación con la estrategia general de la organización y fomenta un enfoque centrado en resultados.

Fomentar la Colaboración Externa

La innovación puede ser estimulada mediante la colaboración con socios externos, como universidades, startups, centros de investigación y otras organizaciones. Estas colaboraciones pueden proporcionar nuevas perspectivas y acceso a conocimientos y tecnologías que no están disponibles internamente.

Implementar Prácticas de Gestión Ágil

Adoptar prácticas de gestión ágil puede facilitar la innovación, al permitir que las organizaciones respondan rápidamente a los cambios del mercado y ajusten sus procesos y productos de manera eficiente. Las metodologías ágiles promueven la experimentación, el aprendizaje rápido de los fallos y la iteración continua, elementos clave para una cultura de innovación.

Crear un Entorno Seguro para Experimentar

Es importante que las organizaciones creen un entorno donde los colaboradores se sientan seguros para experimentar y tomar iniciativas sin temor al fracaso. Fomentar una mentalidad de "prueba y aprendizaje" puede incentivar a los colaboradores a probar nuevas ideas y aprender de los resultados sin penalización por fracasos.

Integrar la Innovación en Todos los Niveles Organizacionales

La innovación no debe limitarse a un departamento o grupo específico dentro de la organización; más bien, debería estar integrada en todos los niveles y funciones. Esto implica capacitar a todos los colaboradores para que contribuyan con ideas innovadoras y participen en iniciativas de mejora continua.

Promover la Curiosidad y el Aprendizaje Continuo

Fomentar una cultura donde la curiosidad y el aprendizaje continuo sean valores centrales anima a los colaboradores a buscar constantemente nuevas formas de mejorar y resolver problemas.

Ofrecer acceso a recursos de aprendizaje, como cursos en línea, talleres y conferencias, puede mantener al personal actualizado con las últimas tendencias y tecnologías.

Integrar la Innovación en la Evaluación del Desempeño

Incorporar objetivos y métricas de innovación en los sistemas de evaluación del desempeño puede motivar a los colaboradores a priorizar el pensamiento innovador en su trabajo diario. Esto podría incluir la valoración de contribuciones creativas, la iniciativa en la implementación de nuevas ideas y la capacidad de adaptarse y responder a los desafíos de manera innovadora.

Facilitar la Comunicación Abierta y Transversal

Establecer canales de comunicación abiertos y efectivos que permitan el flujo libre de información y conocimientos entre diferentes áreas y niveles de la organización puede potenciar la innovación. Esto incluye asegurar que las ideas y sugerencias de todos los colaboradores sean escuchadas y consideradas, independientemente de su posición o antigüedad.

Desarrollar Alianzas Estratégicas para la Innovación

Crear alianzas estratégicas con otras organizaciones, como proveedores, clientes o organizaciones de tecnología, puede acelerar el proceso de innovación al proporcionar acceso a diferentes recursos, mercados y conocimientos especializados. Estas alianzas pueden facilitar la co-creación y el desarrollo conjunto de soluciones innovadoras.

Invertir en Investigación y Desarrollo (I+D)

Destinar recursos a la investigación y el desarrollo (I+D) es fundamental para la innovación, especialmente en industrias que están en constante evolución tecnológica. Invertir en I+D ayuda a las organizaciones a desarrollar nuevos productos, servicios y procesos que pueden mantenerlas a la vanguardia de su sector.

Las estrategias para cultivar una cultura de innovación dentro de las organizaciones son multifacéticas y requieren un enfoque integrado que abarque varios aspectos del entorno organizacional. Las organizaciones deben invertir en capacitación y desarrollo para mejorar las habilidades y conocimientos de su personal, fomentando así un entorno donde la creatividad y la innovación puedan prosperar.

La creación de espacios que promuevan la colaboración creativa y el establecimiento de sistemas de recompensa que valoren la generación de ideas son fundamentales para mantener un flujo constante de innovación. Además, la adopción de tecnologías avanzadas apoya estos esfuerzos, facilitando la colaboración y permitiendo una gestión más efectiva de los proyectos de innovación.

Las organizaciones que logran implementar estas estrategias efectivamente pueden desarrollar una cultura sólida de innovación, que no solo impulsa el crecimiento y la competitividad, sino que también les permite adaptarse y responder con éxito a los cambios rápidos del mercado y las tecnologías emergentes. En última instancia, la clave del éxito en la cultura de innovación radica en la integración coherente y sostenida de estas prácticas en todos los niveles de la organización.

Desafíos en la Implementación de la Cultura de Innovación

Desafíos y Barreras Comunes

1. **Resistencia al Cambio:** Muchos colaboradores y, a veces, incluso la dirección, pueden resistirse al cambio debido al temor de lo desconocido o la pérdida de control. Esta resistencia puede obstaculizar la adopción de nuevas ideas y

procesos innovadores.

1. **Falta de Recursos:** La innovación requiere tanto recursos financieros como humanos. La falta de estos recursos puede limitar la capacidad de una organización para experimentar e implementar nuevas ideas.

1. **Rigidez Organizacional:** Las estructuras y procesos organizacionales establecidos pueden ser rígidos y no propiciar un entorno que fomente la innovación. Las jerarquías estrictas y los flujos de trabajo inflexibles pueden dificultar la experimentación y la adaptación rápida.

1. **Brecha de Habilidades:** Puede haber una brecha entre las habilidades disponibles dentro de la organización y las necesarias para impulsar la innovación. Esta brecha de habilidades puede limitar la capacidad de una organización para desarrollar e implementar ideas innovadoras.

1. **Falta de Visión Estratégica Clara:** La ausencia de una visión estratégica clara para la innovación puede resultar en esfuerzos dispersos y falta de alineación entre las actividades de innovación y los objetivos generales de la organización.

1. **Comunicación Deficiente:** Una comunicación ineficaz dentro de la organización puede obstaculizar la colaboración y el flujo de ideas, elementos esenciales para una cultura de innovación saludable.

1. **Falta de Medición y Evaluación:** La falta de sistemas para medir y evaluar eficazmente el éxito de las iniciativas de innovación puede dificultar la comprensión de su impacto y la mejora continua.

1. **Cultura de Aversión al Riesgo:** En algunas organizaciones, puede prevalecer una cultura de aversión al riesgo que desaliente la experimentación y la toma de iniciativas innovadoras debido al miedo al fracaso.

Métodos para Superar los Desafíos

Fomentar una Mentalidad Abierta al Cambio

Para superar la resistencia al cambio, es crucial promover una cultura que valore la flexibilidad, la adaptabilidad y el aprendizaje continuo. Esto puede lograrse mediante programas de capacitación, comunicación transparente sobre los beneficios de la innovación y la implicación de los colaboradores en el proceso de cambio.

Asegurar la Disponibilidad de Recursos

La innovación debe ser vista como una inversión y no como un gasto. Es esencial asegurar un presupuesto específico y recursos humanos dedicados a las actividades de innovación. Además, se pueden buscar fuentes de financiamiento alternativas, como subvenciones, alianzas estratégicas o inversiones de capital de riesgo.

Promover la Flexibilidad Organizacional

Para reducir la rigidez organizacional, las organizaciones pueden adoptar estructuras más planas, impulsar el trabajo en equipo interdepartamental y fomentar la toma de decisiones descentralizada. Esto permite una mayor agilidad y facilita la implementación de ideas innovadoras.

Fomento de la Colaboración Multidisciplinaria

Integración de Equipos Diversos: Crear equipos de trabajo multidisciplinarios fomenta la colaboración y la combinación de diferentes perspectivas y habilidades, lo que puede impulsar la innovación y superar la resistencia al cambio.

Construcción de Ecosistemas Innovadores

Alianzas con Universidades y Centros de Investigación: Establecer colaboraciones con instituciones académicas y de investigación puede proporcionar acceso a nuevos conocimientos, tecnologías y talentos, fomentando la innovación.

Creación de Incubadoras y Aceleradoras: Desarrollar programas de incubación y aceleración para apoyar startups y proyectos innovadores puede fomentar un entorno de innovación dinámico.

Implementación de Tecnología Avanzada

Digitalización y Automatización de Procesos: Integrar soluciones digitales y automatizadas puede mejorar la eficiencia operativa, liberando recursos que se pueden invertir en actividades de innovación.

Desarrollo de Liderazgo Innovador

Capacitación en Liderazgo de Innovación: Ofrecer programas de desarrollo específicos para liderar la innovación puede equipar a los líderes con las habilidades y el conocimiento necesarios para impulsar y gestionar el cambio.

Medición del Éxito de la Innovación

Indicadores Clave de Desempeño (KPIs) para la Innovación: Establecer métricas específicas para evaluar el éxito de las iniciativas de innovación puede ayudar a monitorear el progreso y ajustar las estrategias según sea necesario.

Cultura de Aceptación del Fracaso

Normalización del Fracaso como Aprendizaje: Fomentar una cultura que vea el fracaso como parte del proceso de aprendizaje y una fuente de insights valiosos puede estimular la experimentación y la toma de riesgos controlados.

En resumen, construir una cultura de innovación requiere superar desafíos significativos, incluyendo la resistencia al cambio, la falta de recursos y la rigidez organizacional. Abordar estos desafíos mediante la promoción de una mentalidad abierta, asegurando los recursos necesarios y fomentando la flexibilidad organizacional, puede allanar el camino para que la innovación florezca y se sostenga en el tiempo, además de otros desafíos y estrategias para su gestión.

Estudios de Caso

Caso 1: Google

Éxito en Cultivar la Innovación: Google es conocido por su cultura de innovación abierta y su enfoque en la experimentación. La organización fomenta la innovación a través de políticas como el "20% del tiempo", donde los colaboradores pueden dedicar una parte de su tiempo laboral a proyectos de su interés que no necesariamente forman parte de sus responsabilidades habituales.

Impacto en la Competitividad: Este enfoque ha llevado al desarrollo de productos revolucionarios como Gmail y Google News, manteniendo a Google a la vanguardia del mercado tecnológico.

Lecciones Aprendidas: La importancia de proporcionar a los colaboradores el tiempo y los recursos para explorar nuevas ideas y la efectividad de una cultura corporativa que valora la creatividad y la innovación.

Caso 2: 3M

Éxito en Cultivar la Innovación: 3M ha sido pionera en la promoción de la innovación a través de su cultura de colaboración y creatividad. Similar a Google, 3M permite a sus colaboradores dedicar tiempo a proyectos de investigación personales, lo que ha llevado al desarrollo de productos innovadores como las Notas Post-it.

Impacto en la Competitividad: Este enfoque ha ayudado a 3M a mantenerse como líder en varios sectores, incluyendo salud, electrónica y oficina, gracias a su constante flujo de nuevos productos y mejoras.

Lecciones Aprendidas: La importancia de una cultura organizacional que fomente la colaboración interdepartamental y permita a los colaboradores perseguir sus propias ideas innovadoras, impulsando así la creatividad y el desarrollo de productos.

Caso 3: Tesla

Éxito en Cultivar la Innovación: Tesla ha revolucionado la industria automotriz y energética al enfocarse en la innovación en sostenibilidad y tecnología. La organización se compromete con la investigación y el desarrollo de alto riesgo para crear soluciones de energía renovable y vehículos eléctricos.

Impacto en la Competitividad: Tesla ha desafiado a la industria automotriz y energética tradicionales, estableciendo nuevos estándares para la innovación y la sostenibilidad.

Lecciones Aprendidas: La disposición a abrazar el riesgo y el compromiso con la innovación disruptiva pueden transformar industrias enteras, demostrando el valor de una visión audaz y una estrategia de innovación a largo plazo.

Estos estudios de caso ilustran cómo diversas organizaciones han cultivado exitosamente una cultura de innovación, lo que ha resultado en un impacto significativo en su competitividad y éxito en el mercado. Las lecciones aprendidas de estas experiencias subrayan la importancia de crear un entorno que fomente la creatividad, la experimentación y la colaboración, elementos esenciales para impulsar la innovación sostenible.

Conclusión

Este capítulo ha resaltado la importancia vital de la innovación organizacional y el desarrollo de una cultura de innovación para mantener la competitividad en un mercado global dinámico y en constante cambio. La innovación no es solo un diferenciador estratégico, sino también un imperativo para la supervivencia y el éxito a largo plazo de las organizaciones.

Hemos explorado cómo la creatividad, la apertura al cambio, el apetito por el riesgo, la diversidad y la inclusión son elementos fundamentales de una cultura de innovación. Las organizaciones exitosas en este ámbito no solo fomentan estas cualidades, sino que también implementan estrategias para superar desafíos como la resistencia al cambio, la falta de recursos y la rigidez organizacional.

La conclusión es que la innovación organizacional requiere un enfoque integrado que abarca el liderazgo visionario, una estrategia clara de innovación y un compromiso con la innovación continua. El liderazgo debe ser el catalizador que promueva una cultura de innovación, asegurando que la estrategia de innovación esté alineada con los objetivos globales de la organización y fomentando un entorno que apoye el riesgo calculado, la experimentación y el aprendizaje de los fracasos.

En última instancia, para mantener su competitividad, las organizaciones deben cultivar un entorno donde la innovación pueda florecer. Esto significa integrar la innovación en el tejido mismo de la organización, desde la cúspide de la dirección hasta los operativos en todos los niveles, garantizando que cada colaborador se sienta empoderado para contribuir a la visión innovadora de la organización.

Capítulo 8. Estrategia y Liderazgo para el Futuro

Introducción al Entorno Cambiante de Negocios

En la era actual, el entorno de negocios está caracterizado por una volatilidad, incertidumbre, complejidad y ambigüedad significativas, comúnmente conocido por el acrónimo VUCA.

Volatilidad se refiere a la velocidad y magnitud de cambio en el entorno de negocios. La volatilidad puede ser causada por factores como fluctuaciones económicas, innovaciones disruptivas o cambios políticos y sociales rápidos. Esta característica del entorno VUCA significa que las organizaciones deben ser capaces de responder rápidamente a los cambios inesperados y a menudo drásticos en sus mercados.

Incertidumbre surge de la falta de previsibilidad sobre los eventos futuros. En un entorno de negocios incierto, es difícil prever tendencias y eventos, lo que hace que la planificación a largo plazo sea más desafiante. Las organizaciones deben desarrollar estrategias flexibles que les permitan adaptarse a circunstancias cambiantes sin una clara indicación de lo que depara el futuro.

Complejidad se refiere a la multiplicidad de factores, variables y relaciones que las organizaciones deben gestionar. La interconexión de los mercados globales, la interdependencia económica y la proliferación de la tecnología aumentan la complejidad. Las organizaciones necesitan comprender y analizar un amplio espectro de factores internos y externos para tomar decisiones informadas.

Ambigüedad implica la falta de claridad sobre el significado de los eventos. En un contexto ambiguo, la misma situación puede interpretarse de diversas maneras, lo que complica la toma de decisiones. La ambigüedad a menudo requiere que las organizaciones tomen decisiones en ausencia de precedentes claros, basándose en juicios e intuiciones más que en hechos concretos.

Impacto en la Toma de Decisiones Estratégicas y el Liderazgo

El entorno VUCA afecta profundamente la toma de decisiones estratégicas y el liderazgo en las organizaciones. Los líderes deben ser capaces de interpretar y responder a estos factores, adoptando enfoques que promuevan la resiliencia y la agilidad. Esto incluye desarrollar la capacidad de anticiparse a los cambios, gestionar múltiples y complejas fuentes de información, y tomar decisiones rápidas y fundamentadas.

El liderazgo en un entorno VUCA requiere una visión clara, comunicación efectiva, adaptabilidad y la habilidad para manejar el riesgo y la incertidumbre. Los líderes deben fomentar una cultura organizacional que valora el aprendizaje continuo, la innovación y la flexibilidad, preparando a la organización para navegar y prosperar en un mundo de negocios en constante cambio.

Desarrollo de Estrategias en Tiempos de Incertidumbre

En tiempos de incertidumbre, la capacidad de una organización para desarrollar y ejecutar estrategias efectivas es fundamental. La flexibilidad y la adaptabilidad son cualidades esenciales para las estrategias en este entorno, ya que permiten a las organizaciones responder con rapidez y eficacia a los cambios y perturbaciones inesperadas.

Importancia de la Flexibilidad y Adaptabilidad

- **Flexibilidad:** Permite a las organizaciones ajustar sus planes y operaciones rápidamente en respuesta a cambios externos. Esto significa tener estructuras organizacionales que puedan adaptarse fácilmente y no estén demasiado fijas en un solo curso de acción.

- **Adaptabilidad:** Implica la capacidad de aprender de las experiencias y modificar la estrategia en consecuencia. Las organizaciones adaptativas pueden no solo reaccionar a los cambios sino también anticiparse a ellos, ajustando sus estrategias proactivamente en base a tendencias emergentes y señales del mercado.

Métodos para el Desarrollo de Estrategias Resilientes

1. **Pensamiento de Escenario:** Implica la creación de varios escenarios futuros, detallados, basados en posibles desarrollos de eventos externos. Estos escenarios ayudan a las organizaciones a visualizar diferentes posibilidades y preparar planes contingentes, lo que reduce la incertidumbre y mejora la preparación para eventos inesperados. El pensamiento de escenario fomenta la reflexión estratégica y ayuda a identificar oportunidades y amenazas potenciales en diversos futuros posibles (Senge, 2011).

1. **Planificación Estratégica Ágil:** Se enfoca en desarrollar estrategias que puedan adaptarse y evolucionar con el tiempo. Esto significa establecer objetivos a corto plazo dentro de un marco estratégico a largo plazo, permitiendo ajustes regulares en función de los cambios del mercado y las condiciones externas. La planificación estratégica ágil valora la iteración rápida, el aprendizaje continuo y la flexibilidad para cambiar de dirección cuando sea necesario.

1. **Análisis Continuo del Entorno Externo:** Mantener un monitoreo constante del entorno externo permite a las organizaciones detectar cambios y tendencias tempranas. Esto

puede lograrse a través de sistemas de inteligencia de negocios y análisis de datos, que proporcionan insights en tiempo real para informar la toma de decisiones estratégicas.

1. **Desarrollo de Capacidad de Resiliencia Organizacional:** Involucra crear una cultura y estructuras que promuevan la resistencia a las perturbaciones y la capacidad para recuperarse de los reveses. Esto incluye tener planes de contingencia, diversificación de líneas de negocio y fortalecimiento de las capacidades financieras y operativas.

En resumen, en tiempos de incertidumbre, las organizaciones deben enfocarse en desarrollar estrategias que sean flexibles y adaptables, utilizando métodos como el pensamiento de escenario y la planificación estratégica ágil. Esto les permitirá, no solo sobrevivir, sino también prosperar, adaptándose continuamente a las condiciones cambiantes y aprovechando las oportunidades emergentes en un entorno VUCA.

Liderazgo Efectivo para el Futuro

El liderazgo efectivo en tiempos de incertidumbre requiere un conjunto de cualidades y competencias clave que permitan a los líderes navegar y guiar a sus organizaciones a través de las complejidades del entorno de negocios actual.

Cualidades y Competencias Clave para el Liderazgo

- **Visión Estratégica:** Los líderes deben tener la capacidad de ver más allá de las operaciones diarias y comprender las tendencias y cambios en el entorno de negocios. Esto implica tener una visión clara de hacia dónde debe dirigirse la organización y cómo puede evolucionar y adaptarse a los cambios futuros.

- **Capacidad de Adaptación:** La habilidad para adaptarse a las circunstancias cambiantes es crucial. Esto significa ser flexible en la toma de decisiones y estar dispuesto a ajustar las estrategias y tácticas cuando sea necesario. Los líderes deben ser ágiles en su pensamiento y en su enfoque, respondiendo proactivamente a los desafíos y oportunidades.

- **Inteligencia Emocional:** La capacidad de entender y gestionar las emociones propias y las de los demás es fundamental en tiempos de incertidumbre. Los líderes con alta inteligencia emocional pueden mantener la calma bajo presión, tomar decisiones equilibradas y comunicarse efectivamente, inspirando confianza y resiliencia en sus equipos.

Fomentando una Cultura de Innovación, Aprendizaje Continuo y Adaptabilidad

- **Promover la Innovación:** Los líderes pueden fomentar una cultura de innovación alentando la experimentación y la toma de riesgos calculados. Esto implica proporcionar recursos y apoyo para las iniciativas innovadoras, así como reconocer y celebrar los éxitos y aprendizajes derivados de los fracasos.

- **Incentivar el Aprendizaje Continuo:** Para mantenerse relevante y competitivo, un líder debe promover el aprendizaje continuo dentro de su organización. Esto puede lograrse a través de programas de desarrollo profesional, capacitaciones y oportunidades de aprendizaje, asegurando que los colaboradores estén siempre al día con las últimas habilidades y conocimientos.

- **Fomentar la Adaptabilidad:** Los líderes pueden crear una cultura que valore y promueva la adaptabilidad estableciendo sistemas y procesos flexibles que permitan a la organización ajustarse rápidamente a los cambios del entorno. Esto incluye empoderar a los colaboradores para tomar decisiones y resolver problemas de manera innovadora.

El liderazgo efectivo para el futuro se basa en poseer una visión estratégica clara, la capacidad de adaptarse a cambios rápidos y una inteligencia emocional sólida. Al fomentar una cultura de innovación, aprendizaje continuo y adaptabilidad, los líderes pueden preparar a sus organizaciones para enfrentar con éxito los desafíos del entorno de negocios VUCA y aprovechar las oportunidades que este presenta.

Integración de Estrategia y Liderazgo

La integración efectiva de estrategia y liderazgo es fundamental para el éxito organizacional, especialmente en un entorno de negocios caracterizado por la incertidumbre y el cambio constante. Esta integración implica una alineación profunda entre la dirección que los líderes establecen y las estrategias que las organizaciones implementan.

Influencia Mutua entre Estrategia y Liderazgo

- **Impacto del Liderazgo en la Estrategia:** Los líderes juegan un papel crucial en la formulación e implementación de estrategias. Un liderazgo efectivo proporciona la visión, dirección y motivación necesarias para impulsar la estrategia hacia adelante. Los líderes definen los objetivos y prioridades estratégicas, asegurando que la organización esté enfocada y alineada en torno a metas comunes.

- **Influencia de la Estrategia en el Liderazgo:** Una estrategia bien formulada provee un marco que guía las acciones y decisiones de liderazgo. Facilita la toma de decisiones al establecer claros objetivos y planes de acción, lo que permite a los líderes navegar con confianza, incluso en tiempos de incertidumbre. Además, una estrategia clara ayuda a comunicar la dirección de la organización, lo que es esencial para el liderazgo efectivo.

Ejemplos de Integración de Estrategia y Liderazgo

- **Apple:** Bajo el liderazgo de Steve Jobs, Apple demostró cómo un liderazgo efectivo puede impulsar la ejecución de estrategias. Jobs' visión de innovación y calidad se integró profundamente en la estrategia de Apple, lo que llevó al desarrollo de productos icónicos como el iPhone y el iPad. La claridad de la visión y la estrategia permitieron a Apple liderar el mercado y transformar industrias enteras.

- **Satya Nadella en Microsoft:** La transformación de Microsoft bajo el liderazgo de Satya Nadella ilustra cómo las estrategias bien formuladas pueden facilitar un liderazgo efectivo. Nadella reorientó la estrategia de Microsoft hacia la computación en la nube y la inteligencia artificial, lo que no solo revitalizó el crecimiento de la organización, sino que también estableció una dirección clara que facilitó la toma de decisiones y el liderazgo en todos los niveles de la organización.

La integración de estrategia y liderazgo crea un ciclo virtuoso donde la visión estratégica informa y guía el liderazgo, mientras que un liderazgo efectivo asegura la realización de la estrategia. Esta sinergia potencia la capacidad de la organización para gestionar el cambio, adaptarse a nuevos desafíos y aprovechar las oportunidades, asegurando la sostenibilidad y el éxito a largo plazo en el dinámico entorno de negocios actual.

Herramientas y Técnicas para la Estrategia y el Liderazgo en el Siglo XXI

En el siglo XXI, la disponibilidad de nuevas herramientas y técnicas tecnológicas ha transformado la forma en que las organizaciones desarrollan estrategias y ejercen liderazgo. Herramientas como la analítica de datos, la inteligencia artificial (IA) y el aprendizaje automático (ML) están en la vanguardia de esta transformación.

Analítica de Datos

La analítica de datos permite a los líderes y organizaciones tomar decisiones basadas en evidencia, mejorando la precisión estratégica. Con el análisis de grandes volúmenes de datos, las organizaciones pueden:

- Identificar tendencias, patrones y correlaciones que no son evidentes.
- Realizar análisis predictivos para anticiparse a posibles cambios en el mercado.
- Tomar decisiones más informadas y estratégicas en tiempo real.

Inteligencia Artificial y Aprendizaje Automático

- **Automatización de Procesos:** La Inteligencia Artificial y el Aprendizaje Automático pueden automatizar tareas repetitivas y procesos, liberando tiempo para que los líderes se enfoquen en tareas estratégicas y toma de decisiones.

- **Toma de Decisiones Mejorada:** Estas tecnologías pueden analizar complejos conjuntos de datos para proporcionar recomendaciones, reduciendo la incertidumbre y mejorando la calidad de las decisiones estratégicas.

- **Personalización y Experiencia del Cliente:** La Inteligencia Artificial permite una personalización a gran escala, ayudando a las organizaciones a diseñar estrategias de mercado más efectivas y mejorar la experiencia del cliente.

Herramientas de Colaboración Digital

Plataformas de colaboración digital y herramientas de gestión de proyectos en línea, como Slack, Trello, y Microsoft Teams, facilitan la comunicación y colaboración en tiempo real, permitiendo a los equipos trabajar eficientemente, incluso en entornos distribuidos o remotos. Esto es crucial para el liderazgo efectivo y la ejecución de estrategias en un mercado globalizado.

Sistemas de Gestión del Conocimiento

- Permiten la recopilación, almacenamiento y distribución efectiva del conocimiento dentro de la organización.
- Facilitan el aprendizaje organizacional y la memoria institucional, asegurando que las estrategias se basen en la acumulación de experiencias y aprendizajes pasados.

Simulaciones y Modelado

- Herramientas de simulación y modelado permiten a las organizaciones prever los resultados de diferentes estrategias antes de su implementación, identificando potenciales riesgos y oportunidades.
- Estas tecnologías pueden modelar escenarios complejos, ayudando a los líderes a visualizar el impacto de sus decisiones estratégicas en diversos entornos.

Gestión de Proyectos Ágiles y Metodologías Scrum

Estas metodologías se centran en la adaptabilidad y la entrega rápida de productos, permitiendo a las organizaciones responder de manera más eficaz a los cambios del mercado. Facilitan la colaboración y la comunicación entre equipos, lo que es crucial para la implementación de estrategias en un entorno VUCA.

Plataformas de Colaboración en la Nube

Herramientas como Microsoft Teams, Slack, y Asana permiten una comunicación y colaboración efectivas en tiempo real, lo cual es vital para la coordinación estratégica y el liderazgo a distancia. Estas plataformas facilitan el trabajo en equipo, la gestión de proyectos y la toma de decisiones, independientemente de la ubicación geográfica de los miembros del equipo.

Big Data y Analítica Avanzada

Más allá de la analítica de datos básica, el big data y la analítica avanzada permiten a las organizaciones procesar y analizar grandes volúmenes de datos para obtener insights profundos y prever tendencias. Estas herramientas pueden ayudar a identificar patrones ocultos, predecir comportamientos del mercado y tomar decisiones estratégicas más informadas.

Tecnologías de Blockchain

El blockchain puede ser utilizado para aumentar la transparencia, la seguridad y la eficiencia en las transacciones y procesos de negocios. Esto tiene aplicaciones significativas en la estrategia, especialmente en industrias donde la cadena de suministro, la autenticidad y la confianza son críticas.

Inteligencia Competitiva

Utilizando herramientas de inteligencia competitiva, las organizaciones pueden monitorear el entorno de negocios para recolectar información crucial sobre competidores, tendencias de mercado, regulaciones y otros factores externos. Esto facilita una toma de decisiones estratégica más proactiva y basada en datos.

Simulación y Modelado

Las herramientas de simulación y modelado permiten a los líderes y estrategas probar diferentes escenarios y estrategias en un entorno virtual antes de implementarlas en el mundo real. Esto puede minimizar los riesgos y mejorar la planificación y la toma de decisiones estratégicas.

La integración efectiva de estas herramientas y técnicas modernas en la planificación estratégica y el liderazgo puede mejorar significativamente la capacidad de una organización para navegar en un entorno de negocios complejo y cambiante. Al aprovechar estas tecnologías, los líderes pueden obtener insights más profundos, facilitar una mejor toma de decisiones, y fomentar un ambiente de trabajo más colaborativo y adaptativo.

Estudios de Caso

Caso 1: Amazon

Estrategias Efectivas y Liderazgo: Amazon, bajo la dirección de Jeff Bezos, ha mostrado una capacidad notable para adaptarse y prosperar en tiempos de incertidumbre. La organización ha continuado innovando en diversas áreas, desde el comercio electrónico hasta la computación en la nube y la inteligencia artificial.

Lecciones Aprendidas:

- **Adaptabilidad y Visión a Largo Plazo:** Amazon demuestra la importancia de adaptarse rápidamente a los cambios del mercado y de mantener una visión estratégica a largo plazo.
- **Cultura de Innovación:** La organización fomenta una cultura de experimentación y aprendizaje constante, lo cual ha sido

clave para su capacidad de innovar y expandirse en nuevos mercados.

Caso 2: Netflix

Estrategias Efectivas y Liderazgo: Netflix ha pasado de ser un servicio de alquiler de DVDs por correo a convertirse en un líder mundial en streaming de medios, mostrando una notable adaptabilidad y visión estratégica en su liderazgo.

Lecciones Aprendidas:

- **Anticipación y Transformación:** Netflix ilustra la importancia de anticipar los cambios en las preferencias de los consumidores y de transformar el modelo de negocio en consecuencia.
- **Enfoque en el Cliente:** Su éxito subraya la relevancia de centrarse en la experiencia del cliente y en la innovación tecnológica para ofrecer valor continuo.

Caso 3: Tesla

Estrategias Efectivas y Liderazgo: Tesla, liderada por Elon Musk, ha revolucionado la industria automotriz al apostar fuertemente por los vehículos eléctricos y la energía renovable, incluso cuando enfrentaba escepticismo y desafíos significativos.

Lecciones Aprendidas:

- **Liderazgo Visionario y Compromiso con la Innovación:** Tesla destaca la importancia de un liderazgo visionario y del compromiso con la innovación disruptiva para superar obstáculos y liderar el mercado.
- **Sostenibilidad y Visión de Futuro:** La estrategia de Tesla refleja cómo la sostenibilidad y una visión de futuro pueden

ser centrales para una estrategia organizacional exitosa.

Estos casos demuestran cómo diferentes organizaciones han aplicado estrategias efectivas y liderazgo para navegar en tiempos de incertidumbre y cambio. Las lecciones aprendidas de estas experiencias resaltan la importancia de la adaptabilidad, la visión a largo plazo, la innovación constante y un enfoque centrado en el cliente para el éxito organizacional. Estos elementos son cruciales para cualquier organización que busque prosperar en un entorno organizacional dinámico y en constante evolución.

Conclusión

Este capítulo ha explorado la importancia crítica de desarrollar estrategias efectivas y ejercer un liderazgo efectivo para asegurar el éxito futuro en un entorno de negocios caracterizado por la incertidumbre y el cambio rápido. Los puntos clave incluyen la necesidad de flexibilidad y adaptabilidad en la formulación de estrategias, así como la importancia de cualidades como la visión estratégica, la capacidad de adaptación y la inteligencia emocional en el liderazgo.

Hemos visto cómo la integración de estrategia y liderazgo es esencial para gestionar eficazmente el cambio y cómo herramientas y técnicas modernas, como la analítica de datos, la inteligencia artificial y el aprendizaje automático, pueden apoyar estos esfuerzos. Los estudios de caso de Amazon, Netflix y Tesla han proporcionado ejemplos concretos de cómo las organizaciones pueden navegar exitosamente a través de tiempos de incertidumbre, demostrando la efectividad de una gestión proactiva y adaptativa.

Para navegar en un entorno de negocios en constante evolución, las organizaciones deben adoptar un enfoque proactivo y adaptable, integrando estrategias y liderazgo efectivo. Esto implica estar preparados para anticipar cambios, adaptarse rápidamente a nuevas circunstancias y aprovechar las oportunidades emergentes. La capacidad de combinar una planificación estratégica sólida con un liderazgo visionario y adaptable será determinante para el éxito y la sostenibilidad de las organizaciones en el futuro.

Capítulo 9. Riesgos y Oportunidades en el Nuevo Orden Mundial

Introducción a los Riesgos y Oportunidades Globales

En el nuevo orden mundial, las organizaciones enfrentan un panorama complejo y en constante evolución, marcado por una serie de riesgos y oportunidades emergentes. Los cambios geopolíticos, económicos, tecnológicos y ambientales están reconfigurando el escenario global, creando nuevos desafíos y abriendo puertas a nuevas posibilidades.

Riesgos Emergentes

- **Geopolíticos:** Las tensiones entre potencias mundiales, los conflictos regionales, y el nacionalismo creciente pueden llevar a la inestabilidad política y económica, afectando el comercio internacional y las inversiones.

- **Económicos:** La volatilidad de los mercados, las fluctuaciones en las tasas de interés, y los posibles efectos económicos de pandemias globales representan riesgos significativos para las organizaciones.

- **Tecnológicos:** La rápida evolución de la tecnología, mientras abre nuevas oportunidades, también presenta riesgos como la ciberseguridad, la privacidad de datos y la obsolescencia tecnológica.

- **Ambientales:** El cambio climático y la degradación ambiental pueden provocar riesgos físicos y regulatorios, afectando las operaciones y la cadena de suministro de las organizaciones.

Oportunidades Emergentes

- **Geopolíticas:** Los cambios en el equilibrio de poder y las nuevas alianzas pueden abrir mercados emergentes y crear oportunidades de inversión en regiones en desarrollo.

- **Económicas:** Las transiciones económicas y la evolución hacia economías digitales y sostenibles presentan oportunidades para las organizaciones que pueden adaptarse y liderar en estos nuevos ámbitos.

- **Tecnológicas:** Avances como la inteligencia artificial, la robótica, la biotecnología y las energías renovables ofrecen potencial para el desarrollo de nuevos productos, servicios y modelos de negocio.

- **Ambientales:** La creciente demanda de prácticas sostenibles y energías limpias ofrece oportunidades para las organizaciones que invierten en soluciones innovadoras y sostenibles.

Los cambios en el panorama global requieren que las organizaciones no solo identifiquen y gestionen los riesgos asociados, sino que también reconozcan y aprovechen las oportunidades para innovar y crecer. Este dinámico entorno global exige un enfoque estratégico bien fundamentado, que equilibre la prudencia en la gestión de riesgos con la audacia en la captura de oportunidades.

Identificación de Riesgos Globales Emergentes

La identificación de riesgos globales emergentes es un paso crucial para las organizaciones que buscan navegar con éxito en el nuevo orden mundial. Estos riesgos, que varían desde el cambio climático hasta la ciberseguridad, tienen el potencial de impactar significativamente las operaciones, las cadenas de suministro y los mercados globales.

Cambio Climático

- **Impacto:** El cambio climático puede causar daños físicos a las instalaciones y afectar las cadenas de suministro globales a través de fenómenos meteorológicos extremos como huracanes, inundaciones y sequías. También puede provocar cambios regulatorios, como impuestos al carbono y restricciones a las emisiones, afectando la viabilidad económica de ciertos productos y servicios.

Inestabilidad Geopolítica

- **Impacto:** La inestabilidad geopolítica, incluyendo conflictos, tensiones comerciales y cambios políticos abruptos, puede generar incertidumbre en los mercados internacionales, afectar las rutas comerciales y provocar fluctuaciones en los precios de las materias primas, lo cual impacta directamente en las operaciones y la estrategia de inversión de las organizaciones.

Crisis Económicas

- **Impacto:** Las crisis económicas pueden reducir la demanda de productos y servicios, aumentar la volatilidad del mercado y dificultar el acceso al capital. Estos factores pueden conducir a una reestructuración del mercado global, con algunas industrias sufriendo más que otras.

Pandemias

- **Impacto:** Las pandemias, como la experimentada con el COVID-19, pueden tener un impacto devastador en las operaciones globales, las cadenas de suministro y los mercados laborales. Las restricciones de viaje, los cierres de instalaciones y los cambios en el comportamiento del consumidor pueden alterar significativamente la forma en que las organizaciones operan y entregan sus productos y servicios.

Ciberseguridad

- **Impacto:** Los riesgos de ciberseguridad, incluidos los ataques cibernéticos, el robo de datos y el espionaje industrial, representan una amenaza creciente para las organizaciones de todos los tamaños y sectores. Estos riesgos pueden comprometer la integridad de la infraestructura crítica, la privacidad de los datos del cliente y la propiedad intelectual, afectando la reputación y la estabilidad financiera de las organizaciones.

Transformación Digital y Tecnológica

- **Impacto:** La transformación digital y el rápido avance tecnológico pueden dejar obsoletas las estructuras organizacionales tradicionales. Las organizaciones que no se adaptan rápidamente pueden perder competitividad frente a los actores más ágiles y tecnológicamente avanzados.

Cambios Demográficos

- **Impacto:** Los cambios en la estructura demográfica, como el envejecimiento de la población en algunos países y el crecimiento de la población joven en otros, pueden afectar los mercados laborales, los patrones de consumo y las necesidades de inversión en infraestructura y servicios.

Escasez de Recursos Naturales

- **Impacto:** La sobreexplotación de recursos naturales, como el agua, los minerales y la energía, puede llevar a una escasez que afectaría la producción, aumentaría los costos y provocaría conflictos geopolíticos por el acceso a estos recursos.

Fragmentación del Orden Internacional

- **Impacto:** Un movimiento hacia un orden mundial más fragmentado, con bloques económicos y políticos en competencia, podría complicar las operaciones internacionales y las estrategias de mercado de las organizaciones que operan en múltiples jurisdicciones.

Desafíos Éticos y de Responsabilidad Social

- **Impacto:** Las crecientes expectativas de los stakeholders respecto a la responsabilidad social corporativa, la ética organizacional y la sostenibilidad pueden impactar la reputación y la viabilidad a largo plazo de las organizaciones que no logran cumplir con estos estándares.

Políticas y Regulaciones Cambiantes

- **Impacto:** Las políticas y regulaciones gubernamentales pueden cambiar rápidamente, afectando el entorno de negocios. Esto incluye regulaciones sobre comercio internacional, privacidad de datos, estándares ambientales y prácticas laborales, que pueden alterar las operaciones y estrategias organizacionales.

Innovación Disruptiva

- **Impacto:** La innovación en productos, servicios o modelos de negocio puede desestabilizar industrias enteras. Las organizaciones establecidas pueden enfrentar riesgos significativos de obsolescencia si no se adaptan a las innovaciones disruptivas o no participan en ellas.

Tensiones Sociales y Movimientos Políticos

- **Impacto:** Las tensiones sociales, los movimientos políticos y el activismo pueden afectar la estabilidad de las regiones, influir en las políticas públicas y afectar la reputación y operaciones de las organizaciones. Las demandas por mayor equidad, derechos humanos y justicia social pueden llevar a cambios significativos en el ambiente de negocios.

Desafíos en la Cadena de Suministro Global

- **Impacto:** Los eventos disruptivos, como desastres naturales, conflictos laborales o crisis políticas, pueden interrumpir las cadenas de suministro globales, afectando la producción y distribución de bienes. La dependencia de fuentes de suministro únicas o concentradas aumenta la vulnerabilidad a estos riesgos.

Avances en Inteligencia Artificial y Automatización

- **Impacto:** Aunque la IA y la automatización ofrecen oportunidades significativas de eficiencia y crecimiento, también plantean riesgos relacionados con el desplazamiento laboral, la ética de la IA, la seguridad cibernética y el control de sistemas autónomos.

Para gestionar estos riesgos, las organizaciones deben adoptar un enfoque proactivo y sistemático para la identificación y análisis de riesgos, evaluando cómo estos pueden afectar sus operaciones específicas, cadenas de suministro y posiciones en el mercado global. Esto incluye realizar evaluaciones de riesgo regulares, monitorear el entorno externo de manera continua y desarrollar estrategias de mitigación y planes de respuesta eficaces.

Estrategias para la Gestión de Riesgos

Para manejar eficazmente los riesgos identificados, las organizaciones necesitan desarrollar estrategias de gestión de riesgos robustas y holísticas. Estas estrategias deben incluir la evaluación de riesgos, la diversificación, la planificación de contingencias, la gestión de crisis y el fortalecimiento de la resiliencia organizacional.

Evaluación de Riesgos

- Las organizaciones deben realizar evaluaciones de riesgos

regulares para identificar y clasificar los riesgos potenciales en términos de su probabilidad e impacto. Esto implica analizar cómo los riesgos identificados, como el cambio climático, la inestabilidad geopolítica, las crisis económicas, las pandemias, la ciberseguridad, y otros factores pueden afectar sus operaciones y objetivos.

Diversificación

- Para mitigar los riesgos, especialmente aquellos relacionados con la economía y la cadena de suministro, la diversificación es clave. Esto puede implicar diversificar las fuentes de ingresos, los mercados, los proveedores y las inversiones para reducir la dependencia de cualquier fuente única, mitigando así el impacto de posibles disrupciones o cambios en el mercado.

Planificación de Contingencias

- La planificación de contingencias involucra el desarrollo de planes de acción específicos para responder a eventos de riesgo predefinidos. Esto incluye tener planes detallados para la continuidad del negocio en caso de interrupciones importantes, como desastres naturales, ataques cibernéticos o crisis sanitarias.

Gestión de Crisis

- La gestión de crisis se enfoca en preparar a las organizaciones para responder de manera efectiva a eventos imprevistos y potencialmente disruptivos. Esto requiere establecer equipos de gestión de crisis, desarrollar protocolos de comunicación y asegurar que los recursos necesarios estén disponibles para manejar situaciones de emergencia.

Resiliencia Organizacional y Preparación para Incidentes

- Construir resiliencia organizacional significa desarrollar la capacidad de una organización para adaptarse y recuperarse de los reveses y desafíos. Esto incluye la capacitación de los colaboradores, la inversión en tecnología y sistemas redundantes, y la creación de una cultura que priorice la adaptabilidad y el aprendizaje continuo.

Integración con Estrategias Organizacionales

- La gestión de riesgos no debe ser un proceso aislado; debe estar integrada con la estrategia organizacional global. Esto significa alinear la gestión de riesgos con los objetivos a largo plazo de la organización y asegurar que las decisiones estratégicas tengan en cuenta el panorama de riesgos global.

Inteligencia de Riesgos y Monitoreo Continuo

- Implementar sistemas de inteligencia de riesgos y monitoreo continuo permite a las organizaciones rastrear cambios y tendencias en tiempo real. Utilizando tecnologías avanzadas como el análisis de big data y la inteligencia artificial, las organizaciones pueden anticipar riesgos emergentes y ajustar sus estrategias proactivamente.

Colaboración y Compartir Información

- Fomentar la colaboración y el intercambio de información sobre riesgos entre diferentes sectores y regiones puede proporcionar una visión más completa de los desafíos globales. Participar en redes de intercambio de información sobre riesgos y trabajar con organizaciones internacionales puede ayudar a las organizaciones a obtener una perspectiva más amplia y mejorar su capacidad para gestionar riesgos.

Formación y Desarrollo en Gestión de Riesgos

- Capacitar a los colaboradores en gestión de riesgos y preparación para incidentes es crucial para construir una organización resiliente. Esto incluye desde la alta dirección hasta los niveles operativos, asegurando que todos los miembros de la organización comprendan su papel en la mitigación de riesgos.

Enfoque en la Sostenibilidad y la Responsabilidad Social Corporativa (RSC)

- Integrar la sostenibilidad y la RSC en la estrategia de gestión de riesgos puede ayudar a las organizaciones a anticiparse a los cambios regulatorios y de mercado relacionados con cuestiones ambientales, sociales y de gobernanza (ESG). Las prácticas sostenibles y responsables pueden minimizar los riesgos y generar oportunidades de negocio.

Adopción de Tecnologías Emergentes

- Explorar y adoptar tecnologías emergentes, como la blockchain para la seguridad de las transacciones y la trazabilidad en las cadenas de suministro, puede proporcionar nuevas herramientas para la gestión de riesgos. Estas tecnologías pueden mejorar la transparencia, la eficiencia y la capacidad de respuesta ante incidentes.

Al integrar estas estrategias en su planificación y operaciones, las organizaciones pueden no solo mitigar los riesgos efectivamente, sino también prepararse para responder de manera ágil a incidentes imprevistos, asegurando su sostenibilidad y éxito en el largo plazo en un entorno global incierto.

Explotando Oportunidades en un Mundo Cambiante

En un entorno global en constante evolución, las organizaciones deben estar preparadas para identificar y aprovechar las oportunidades emergentes. Estas oportunidades pueden surgir en nuevos mercados, a través de avances tecnológicos o mediante la adopción de nuevos modelos de negocio.

Identificación de Oportunidades Emergentes

- **Análisis de Mercado y Tendencias:** Las organizaciones deben realizar un análisis continuo de mercado para identificar tendencias emergentes y cambios en las preferencias de los consumidores. Esto puede incluir el uso de herramientas de inteligencia de mercado y análisis de datos para detectar oportunidades en nuevos mercados geográficos o segmentos de clientes.

- **Vigilancia Tecnológica:** Mantenerse al tanto de los avances tecnológicos permite a las organizaciones identificar oportunidades para innovar en productos, servicios o procesos. La adopción temprana de tecnologías emergentes, como la inteligencia artificial, la realidad aumentada o las energías renovables, puede proporcionar una ventaja competitiva significativa.

- **Evaluación de Modelos de Negocio:** Explorar y evaluar nuevos modelos de negocio, como la economía colaborativa, los servicios de suscripción o las plataformas digitales, puede abrir nuevas vías de crecimiento y diversificación.

Capitalizando las Oportunidades

- **Innovación:** La innovación es crucial para aprovechar las oportunidades emergentes. Esto implica desarrollar nuevos productos o servicios, mejorar los procesos existentes o crear nuevos modelos de negocio que respondan a las necesidades cambiantes del mercado.

- **Agilidad Organizacional:** Las organizaciones deben ser ágiles para adaptarse rápidamente a las nuevas oportunidades. Esto incluye la capacidad para pivotar estrategias, reasignar recursos de manera eficiente y tomar decisiones rápidas basadas en información actualizada.

- **Adaptabilidad Estratégica:** Tener una estrategia adaptable es clave para capitalizar las oportunidades en un mundo cambiante. Las organizaciones deben estar dispuestas a revisar y ajustar sus estrategias en respuesta a las nuevas informaciones y condiciones del mercado.

Integrando Oportunidades en la Estrategia Organizacional

- La integración de la identificación y explotación de oportunidades en la estrategia organizacional asegura que las iniciativas estén alineadas con los objetivos globales de la organización. Esto requiere un enfoque estratégico que contemple la innovación y la adaptabilidad como componentes centrales del planificación y ejecución organizacional.

En resumen, explotar oportunidades en un mundo cambiante requiere un enfoque proactivo y estratégico, donde la innovación, la agilidad y la adaptabilidad estratégica juegan un papel fundamental. Las organizaciones que logran identificar y capturar oportunidades emergentes pueden posicionar mejor sus operaciones y estrategias para el éxito a largo plazo en el dinámico entorno global actual.

Integración de Riesgos y Oportunidades en la Planificación Estratégica

Integrar efectivamente la gestión de riesgos y la exploración de oportunidades en la planificación y ejecución estratégica es esencial para el éxito a largo plazo de cualquier organización. Este enfoque holístico asegura que las organizaciones puedan navegar por el entorno de negocios global, capitalizando las oportunidades mientras minimizan los riesgos.

Integración en la Planificación Estratégica

- **Evaluación Conjunta:** Comenzar con una evaluación conjunta de riesgos y oportunidades permite a las organizaciones comprender cómo los factores externos e internos pueden impactar sus objetivos. Esta evaluación debe incluir un análisis de cómo los riesgos identificados pueden afectar las oportunidades emergentes y viceversa.

- **Planificación Integrada:** Desarrollar planes estratégicos que consideren tanto los riesgos como las oportunidades asegura que las decisiones se tomen con una comprensión completa del panorama. Esto implica establecer objetivos y estrategias que equilibren proactivamente la búsqueda de oportunidades con la mitigación de riesgos.

- **Flexibilidad y Adaptabilidad:** Las estrategias deben ser lo suficientemente flexibles para adaptarse a cambios en el entorno de riesgo y oportunidad. Esto requiere mecanismos de revisión y ajuste regular de la estrategia para reflejar el entorno externo en evolución.

Equilibrio en la Toma de Decisiones

- **Priorización Basada en Valor y Riesgo:** Las decisiones estratégicas deben equilibrar los riesgos y las oportunidades basándose en su potencial para crear valor. Esto incluye evaluar las oportunidades y riesgos en términos de su impacto potencial en los objetivos estratégicos y financieros de la organización.

- **Gestión Proactiva:** Adoptar un enfoque proactivo para la gestión de riesgos y la exploración de oportunidades permite a las organizaciones anticiparse y prepararse mejor para los cambios futuros. Esto significa no solo reaccionar a los riesgos y oportunidades a medida que surgen, sino también anticipar y planificar para ellos.

- **Cultura de Riesgo Informado y Emprendimiento:** Fomentar una cultura corporativa que aprecie el emprendimiento informado por riesgos ayuda a equilibrar la innovación y la cautela. Los colaboradores deben sentirse empoderados para buscar oportunidades, pero también conscientes de la necesidad de identificar y gestionar los riesgos asociados.

Implementación Estratégica

- **Monitoreo y Revisión Continuos:** Implementar sistemas de monitoreo y revisión continuos permite a las organizaciones rastrear su progreso hacia el logro de objetivos estratégicos, ajustando sus enfoques en respuesta a los riesgos y oportunidades emergentes.

- **Comunicación y Alineación Organizacional:** Asegurar que todos los niveles de la organización comprendan cómo los riesgos y oportunidades se relacionan con la estrategia global es crucial para una ejecución efectiva. La comunicación clara y la alineación organizacional garantizan que las decisiones y acciones estén coherentemente dirigidas hacia los objetivos estratégicos.

Integrar la gestión de riesgos y la exploración de oportunidades en la planificación y ejecución estratégica permite a las organizaciones operar de manera más efectiva en un entorno global incierto y dinámico. Al equilibrar proactivamente estos elementos, las organizaciones pueden maximizar su potencial para el éxito sostenido y la resiliencia a largo plazo.

Estudios de Caso

Caso 1: Tesla y la Transición hacia la Energía Sostenible

Gestión de Riesgos y Aprovechamiento de Oportunidades: Tesla ha enfrentado riesgos significativos, como desafíos tecnológicos, financieros y de producción, al intentar revolucionar la industria automotriz con vehículos eléctricos. Sin embargo, también ha capitalizado la creciente demanda de soluciones sostenibles y la transición global hacia la energía renovable.

Lecciones Aprendidas:

- **Innovación como Estrategia:** La apuesta por la innovación en tecnología de baterías y vehículos eléctricos ha colocado a Tesla a la vanguardia de la transición energética, demostrando que los riesgos audaces pueden generar grandes recompensas.

- **Visión a Largo Plazo:** Tesla se mantuvo fiel a su visión a pesar de los desafíos, destacando la importancia de una estrategia a largo plazo que esté alineada con las tendencias globales.

Caso 2: Airbnb y la Transformación del Sector de Alojamiento

Gestión de Riesgos y Aprovechamiento de Oportunidades: Airbnb transformó el sector del alojamiento al capitalizar la economía colaborativa. Aunque enfrentó riesgos regulatorios y de mercado, la compañía aprovechó la oportunidad para crear un nuevo modelo de negocio en el espacio de viajes y hospitalidad.

Lecciones Aprendidas:

- **Adaptabilidad y Agilidad:** Airbnb demostró una notable capacidad para adaptarse a los cambios del mercado y a los desafíos regulatorios, ajustando su modelo de negocio según fuera necesario.

- **Comprensión del Mercado:** El éxito de Airbnb subraya la importancia de comprender las necesidades y preferencias de los consumidores, lo que permite a las organizaciones innovar y satisfacer la demanda del mercado de manera efectiva.

Caso 3: Microsoft y su Transformación Digital

Gestión de Riesgos y Aprovechamiento de Oportunidades: Bajo el liderazgo de Satya Nadella, Microsoft se reinventó enfocándose en la nube y la tecnología de inteligencia artificial, alejándose de su dependencia de las ventas de software de PC, un mercado en declive.

Lecciones Aprendidas:

- **Diversificación de Productos y Servicios:** Microsoft diversificó sus ofertas para reducir los riesgos asociados con los cambios del mercado y las tecnologías obsoletas.

- **Cultura de Innovación Continua:** La transformación de Microsoft destaca la importancia de fomentar una cultura de innovación y aprendizaje continuo, lo que permite a las organizaciones mantenerse relevantes y competitivas en un entorno de rápido cambio.

Estos estudios de caso ilustran cómo diferentes organizaciones han navegado con éxito tanto los riesgos como las oportunidades en el nuevo orden mundial. Las lecciones aprendidas indican que una combinación de visión estratégica, adaptabilidad, comprensión profunda del mercado y una cultura de innovación son fundamentales para gestionar los desafíos globales y capitalizar las oportunidades emergentes.

Conclusión

Este capítulo ha abordado la gestión de riesgos y la identificación de oportunidades en el contexto global actual, destacando cómo los cambios rápidos y los desafíos emergentes están redefiniendo el entorno en el que operan las organizaciones. Se ha enfatizado la importancia de un enfoque estratégico integrado que equilibre la gestión de riesgos con la captura de oportunidades, permitiendo así a las organizaciones ser resilientes y proactivas.

Puntos Clave:

- **Identificación y Gestión de Riesgos:** Las organizaciones deben estar constantemente atentas a los riesgos emergentes, desde el cambio climático hasta la inestabilidad geopolítica y la ciberseguridad, evaluando cómo estos riesgos pueden impactar sus operaciones y estrategias.

- **Captura de Oportunidades:** Paralelamente, deben estar preparadas para identificar y aprovechar oportunidades, ya sea en nuevos mercados, a través de tecnologías avanzadas o mediante la adopción de modelos de negocio innovadores.

- **Equilibrio entre Riesgos y Oportunidades:** Un enfoque estratégico efectivo integra la gestión de riesgos y la exploración de oportunidades, garantizando que las organizaciones puedan adaptarse y crecer en un entorno global incierto y en constante cambio.

Necesidad de un Enfoque Estratégico Integrado:

- **Resiliencia Organizacional:** Para navegar con éxito por el complejo panorama global, las organizaciones deben desarrollar resiliencia, preparándose para soportar y recuperarse de adversidades, al tiempo que mantienen la capacidad para avanzar hacia objetivos a largo plazo.

- **Proactividad y Preparación:** Ser proactivo, en lugar de reactivo, ante los desafíos y cambios globales es crucial. Esto implica anticipar tendencias, prepararse para diferentes escenarios y estar listo para actuar rápidamente ante las oportunidades que surgen.

Las organizaciones que adoptan un enfoque estratégico integrado, que equilibra la gestión de riesgos con la captura de oportunidades, están mejor posicionadas para afrontar los desafíos del nuevo orden mundial. Al ser tanto resilientes como proactivas, pueden asegurar un crecimiento sostenible y un éxito duradero en el dinámico escenario global.

Capítulo 10: Conclusión

Este capítulo final ofrece una reflexión sobre los principales aprendizajes obtenidos a lo largo de la discusión sobre las dinámicas del entorno empresarial contemporáneo y proporciona una visión del futuro de las organizaciones en un mundo en constante cambio.

Reflexión sobre los Principales Aprendizajes

A lo largo de este análisis, hemos explorado diversas facetas del entorno empresarial moderno, desde el cambio demográfico y la gestión de talentos hasta la innovación organizacional, la estrategia y el liderazgo, y la gestión de riesgos y oportunidades en un nuevo orden mundial. Algunos de los aprendizajes clave incluyen:

- **Adaptabilidad y Flexibilidad:** La capacidad de adaptarse y ser flexible frente a los cambios rápidos y a menudo impredecibles es esencial para el éxito y la supervivencia de las organizaciones.

- **Importancia de la Innovación:** Cultivar una cultura de innovación es fundamental para mantener la competitividad y el crecimiento, especialmente en un entorno que evoluciona rápidamente.

- **Liderazgo Visionario y Efectivo:** Un liderazgo efectivo y visionario es crucial para navegar por los desafíos del entorno global y para implementar estrategias que alineen con las metas y valores organizacionales.

- **Gestión Estratégica de Riesgos y Oportunidades:** La capacidad para identificar, evaluar y gestionar riesgos, así como para detectar y capitalizar oportunidades, es vital en un contexto global caracterizado por la incertidumbre.

Visión del Futuro de las Organizaciones

Mirando hacia el futuro, las organizaciones deberán continuar evolucionando para enfrentar tanto los desafíos emergentes como las oportunidades. Algunos aspectos para considerar son:

- **Sostenibilidad y Responsabilidad Social:** Habrá un enfoque creciente en la sostenibilidad y la responsabilidad social corporativa, con las organizaciones necesitando integrar prácticas sostenibles y éticas en el núcleo de sus operaciones y estrategias.

- **Tecnología y Transformación Digital:** La integración de tecnologías avanzadas y la transformación digital seguirán siendo un pilar central, con la inteligencia artificial, la automatización y el análisis de datos desempeñando roles clave en la optimización de procesos y la toma de decisiones.

- **Globalización vs. Localización:** Las tensiones entre globalización y localización influirán en las estrategias organizacionales, con las empresas necesitando equilibrar la eficiencia de las operaciones globales con la necesidad de adaptarse a las condiciones y mercados locales.

- **Trabajo y Colaboración en la Era Post-pandémica:** El futuro del trabajo seguirá siendo un área clave de evolución, con un enfoque en el trabajo remoto, la colaboración digital y la gestión de equipos distribuidos globalmente.

El futuro de las organizaciones dependerá de su capacidad para integrar estos aprendizajes y adaptarse proactivamente a las realidades cambiantes del entorno global. Al abrazar la innovación, fomentar un liderazgo efectivo y estratégico, y gestionar de manera equilibrada los riesgos y oportunidades, las organizaciones pueden aspirar no solo a sobrevivir sino a prosperar en el dinámico panorama del siglo XXI.

Bibliografía

Allen, S. (2023). *Domina tu mente.* EE. UU.: Edición I.O.

Araya Naranjo, G. (2020). *Desarrollo sostenible y gestión de negocios de la Cooperativa de Electrificación Rural de Guanacaste R.L.* Costa Rica: UNED.

Araya Naranjo, G. M. (2024). *El choque de las generaciones en las empresas.* Costa Rica: Draft2Digital.

Artaraz, M. (31 de Enero de 2001). *Teoría de las tres dimensiones del desarrollo sostenible.* Obtenido de Revistas científicas de ecología y medio ambiente, Ecosistema: https://www.revistaecosistemas.net/index.php/ecosistemas/article/view/614

Brundtland, G. H. (1987). *Our Common Future.* ONU.

Cortés Mura, H., & Peña Reyes, J. (2015). De la sostenibilidad a la sustentabilidad. Modelo de desarrollo sustentable para su implementación en políticas y proyectos. *Escuela de Administración de Negocios*, 40-54.

Daly, H. E. (2008). Desarrollo Sustentable. Definiciones, principios, políticas. *Aportes*, 1-26.

Gil, A., & Barcellos, L. (2011). Los desafíos para la sostenibilidad empresarial en el siglo XXI. *Revisata Galega de Economía, Vol 20, núm 2*, 6-7.

Goleman, D. (2009). *Inteligencia ecológica.* México: Vergara.

Goleman, D. (2023). *Cómo ser un líder.* Colombia: Penguin Random House Grupo Editorial.

Gutiérrez Garza, E. (2008). De las teorías del desarrollo al desarrollo sustentable: Historia de la construcción de un enfoque multidisciplinario. *Ingenierías,* 21-35.

Jarillo, J. C. (1992). *Dirección Estratégica. Segunda edición.* Madrid: Mc Graw Hill.

Kourdi, J. (2008). *Estrategia. Claves para tomar decisiones en los negocios.* México: The Economist. Colección Finanzas y Negocios.

Mol, M., & Birkinshaw, J. (2008). *Las grandes revoluciones del management. Las innovaciones que cambiaron nuestro modo de trabajar.* Bilbao: Ediciones Deusto.

Moreno Carrillo, L. H. (2022). *Gestión estratégica de los equipos de trabajo intergeneracionales en las organizaciones.* Nicaragua: Revista Torreón Universitario, 11(32).

O'Connor, J. (2012). *Introducción a la PNL.* España: Ediciones Urano S.A.

ONU. (2012). *Informe para el Secretario General. El futuro que Queremos para Todos.* Nueva York.

ONU. (2013). *Inicia la conversación global. Puntos de vista para una nueva agenda de desarrollo.* Nueva York: Grupo de Desarrollo de las Naciones Unidas.

Paternóster, A. (2012). *Herramientas para medir la sostenibilidad corporativa. Un análisis comparativo de las memorias de sostenibilidad.* Cataluña: Cátedra Unesco de sostenibilidad.

Rodríguez Páez, D. C., & Morales Herrera, M. L. (20 de Marzo de 2024). *Choque generacional, nuevo reto para las organizaciones.* Obtenido de http://aeo.izt.uam.mx/congresos/foro-19/presenta/rod-mor.pdf

Sapag Chain, N., & Sapag Chain, R. (2007). *Preparación y evaluación de proyectos.* México: Mc Graw Hill.

Senge, P. (2011). *La Quinta Disciplina.* México: Editorial Granica.

Urteaga, E. (2011). Las teorías alternativas del desarrollo sostenible. *Boletín de la Asociación de Geógrafos Españoles No 55,* 113-126.

Valles, M. (1997). *Técnicas cualitativas de investigación social.* Madrid.

About the Author

El Dr. Araya estudió Administración de Empresas en el Instituto Tecnológico de Costa Rica, obteniendo el grado de bachiller universitario. Posteriormente obtuvo una licenciatura en Administración con énfasis en Finanzas en la Universidad Nacional de Costa. Luego se graduó de MBA en la Universidad Fundepos Alma Máter en Dirección de Negocios con mención en mercadeo y obtuvo un doctorado en Ciencias de la Administración en la Universidad Estatal a Distancia de Costa Rica (UNED) en 2021.

Su práctica profesional, mayoritariamente la ha desarrollado en una Cooperativa de Distribución Eléctrica en Costa Rica, primeramente en la jefatura del departamento financiero, luego en la gerencia financiera administrativa y hace 14 años en la subgerencia general.

También ha sido profesor universitario desde 1999 en la Universidad Nacional de Costa Rica, en la Universidad Latina de Costa Rica, la Universidad de San José de Costa Rica y la Universidad Autónoma de Centroamérica en cursos como administración, matemáticas financieras, finanzas y gerencia.

www.ingramcontent.com/pod-product-compliance
Lightning Source LLC
Chambersburg PA
CBHW051215160726
47994CB00002B/616